博物馆里的
中国历史
故事

从春秋战国
到秦汉

朱万章　钟小敏　主编

化学工业出版社

·北京·

编委会成员

钟小敏
罗永学
梁明
夏仁春
袁锦兰
叶志强
余璐

内容简介

文物是文明的结晶，是现代人与古代文明对话的有力媒介，是曾经鲜活飞扬的历史的承载者，是灿烂悠久的中华文化发展脉络的见证者。每一件宝物都承载着当时人民创造的智慧和文化的印记，都记录着当时人们的价值取向与生活方式。

每一件文物都是一部浓缩的历史纪录片。我们穿行于文物中，去感知它们背后的历史故事，去领略中国历史发展的脉络。王命传铜虎节、阳陵虎符、吕不韦戈等让我们一窥战争背后的合纵连横、驿传体系和物勒工名等智慧；琅琊刻石让我们见证统一王朝的辉煌；云纹漆案及杯盘、绿釉陶楼、延年益寿大宜子孙锦袜等带我们了解汉代的饮食、手工业、娱乐，感受强盛时代的经济与文化……

图书在版编目(CIP)数据

博物馆里的中国历史故事. 从春秋战国到秦汉 / 朱万章，钟小敏主编. —北京：化学工业出版社，2021.8（2024.7重印）
ISBN 978-7-122-39243-5

Ⅰ.①博… Ⅱ.①朱…②钟… Ⅲ.①中国历史-春秋战国时代-秦汉时代-儿童读物 Ⅳ.①K209

中国版本图书馆CIP数据核字（2021）第101804号

责任编辑：李彦芳
责任校对：边 涛
书籍设计：尹琳琳

出版发行　化学工业出版社
　　　　　（北京市东城区青年湖南街13号　邮政编码100011）
印　　装　北京宝隆世纪印刷有限公司
710mm×1000mm　1/16　印张7　字数250千字
2024年7月北京 第1版第7次印刷

购书咨询：010-64518888
售后服务：010-64518899
网　　址：http://www.cip.com.cn
凡购买本书，如有缺损质量问题，本社销售中心负责调换。

定　价　58.00元　　　　　　版权所有　违者必究

亲爱的读者：

阅读愉快！

这套以博物馆文物为线索的历史通俗读物，共收录了100件典型文物。图书通过文物承载的历史背景、历史故事或历史事件，带领读者穿越各个历史朝代，领略当时人们的文雅风趣、丰功伟绩、生产技术以及日常生活方式等，在有趣的历史故事中掌握中国古代历史沿革的基本脉络。

我们可以通过文物来了解曾经飞扬的历史故事，这也是考古学的魅力。考古是一门综合学科，要解读文物储存的故事，需要多个学科的综合知识，如历史、哲学、政治、经济、军事、动植物学、人体解剖学、语言文字学、美学、艺术、工业技术学等。每一件文物的背后，都凝结了许多考古工作者的辛勤汗水和智慧。衷心希望和祝愿广大读者，能爱上历史，爱上阅读，从而发自内心地拥有民族文化自信心。

本丛书吸收融合了当代最新历史研究成果，许多专业研究人员提供的智力支持，为丛书增加了专业知识的深度、厚度与广度。本套书图片资料大部分来自于中国国家博物馆、故宫博物院等，少部分由刘静伟、曾娅提供，在此一并表示感谢。

本书由钟小敏、罗永学、梁明、夏仁春、袁锦兰、叶志强、余璐编写，共收录了25件文物，这些国宝背后的故事，可以帮助我们大致理清从春秋战国到秦汉的历史线索和基本脉络，感知这段历史时期的先人的智慧和发明创造。

　　春秋战国与秦汉是我国社会转型的重要阶段，社会从大动荡走向统一，思想和科技的繁荣奠定了中国传统文化的基础。春秋战国是社会大动荡、大变革、大融合的时期。周王室衰微，诸侯争霸，乱世纷争，对西周以来的宗法制度造成巨大冲击，同时，在战争中也涌现了无数经典的人和事。春秋战国是思想流派纷呈的时期，百家争鸣，制度变革，构造了中华民族传统文化的精神基础。

　　秦代是中国历史上第一个大一统王朝。秦王政完成统一后，面对辽阔的疆域，建立了一系列封建中央集权制度，对中国历史产生了深远影响。然而，秦王朝短暂如烟火，迅速分崩离析。

汉代是继秦之后的大一统王朝，分西汉、东汉两个时期。汉代思想文化统一，科学技术发达，攘夷拓土，终成中国最强盛的时代之一，为华夏文明的延续和崛起做出了巨大贡献。

我国的历史文物不胜枚举，本书仅选取已出土的典型文物为代表，且囿于编者视野，本书内容难免有疏漏和缺憾，在此恳请广大读者多提宝贵意见和建议。

顺颂

安好如意！

编者

2022年3月

舞人动物纹锦（局部）

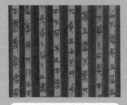

郭店楚简（局部）

彩绘乐舞图鸳鸯形漆盒

莲鹤方壶（局部）

瓦文墓志

琅琊刻石（局部）

秦始皇、秦二世双诏版

吕不韦戈

鎏金银盘

金缕玉柙

秦公簋

王子午鼎

曾侯乙编钟（局部）

吴王光鉴

阳陵虎符

王命传铜虎节

越王勾践剑

杨家湾彩绘兵马俑

单于天降瓦当

击鼓说唱陶俑（局部）

马踏飞燕

延年益寿大宜子孙锦袜

绿釉陶楼（局部）

云纹漆案及杯盘（局部）

金匮直万铜钱

龙和凤的传奇故事

舞人动物纹锦

舞人动物纹锦是战国中期的文物，出土于湖北荆州马山楚墓。舞人动物纹锦由龙、凤、麒麟等古代吉祥物和歌舞人物组成，所以也叫战国舞人动物纹锦。马山楚墓中出土的大量龙凤纹是当时龙凤艺术的集中表现，体现了龙凤图腾和龙凤崇拜的意识，表达了先人对美好生活的向往。这件纹锦的提花图案承载着战国时期较高的丝织技术水平。

保护神都是"变形金刚"

很久很久以前，那时的世界，有力气很大的牛、凶猛的老虎、跑得飞快的马、恐怖有毒的蛇……人们通常要冒着生命危险才能打到猎物。有时候，人们出去打猎，却再也没能回来，很可能被野兽吃到了肚子里。

他们发现，凶猛的野兽的身体很强壮。熊，高大威猛，一巴掌就可以把人扇死；老虎，一个跳跃就可以把其他动物咬死；马，四条腿肌肉发达，跑起来一眨眼的工夫就看不见了……

人们每次想到熊，就会想起它的威猛；想起老虎，就会想起它的力大无穷；想起马，就会想起它奔跑的速度很快……人们把这些东西画下来，成为自己崇拜的对象，想象着自己能够身壮如熊，力大如虎，奔跑如马。于是，人们把熊、老虎、马等非常厉害的形象与雷电混合在一起，画出了一种从来没有见过的动物——它的头像骆驼头，角像鹿角，眼睛像兔子眼，耳朵像牛

耳，脖子像蛇颈，身上的鳞片像鲤鱼鳞，爪子像老鹰爪……这样的动物简直天下无敌，比变形金刚都要厉害。他们给这种在现实世界并不存在的动物取名为龙。

生活在别的地方的先人们，喜欢羽毛鲜艳的鸟类，特别是尾巴很长、很漂亮的鸟儿，幻想能够像它们一样自由地翱翔于天空！出于对飞鸟的崇拜，先人们画出了另一种神奇的动物——凤凰。

人们于是想象自己能够像龙一样孔武有力，像凤凰一样自由飞翔，再也不用担心被猛兽吃掉。先人以龙凤为保护神，把这种想象出来并加以崇拜的动物图像叫图腾。

舞人动物纹锦

长71.8厘米

幅宽52.1厘米

能够和天说话的人

　　舞人动物纹锦的花纹图案是由龙、凤等代表吉祥的野兽和歌舞人物组成的，体现了人们的图腾和崇拜意识，表达了对美好生活的向往。古代把用彩色丝线织出图案的丝织品叫锦，非常贵重。锦是秀丽、美好、富贵、幸福的代名词，如锦绣河山、锦绣前程、锦衣玉食、锦上添花等。

　　舞人动物纹锦上的龙和凤身材细长，有锋利的爪子、像花朵一般的尾巴或羽毛，经常与开花的藤缠在一起。这件纹锦是目前出土的战国时期文物中图案最复杂、花纹单位最大的一种锦。

　　舞人动物纹锦上有七组纹样：第一组是一对卷着长长尾巴的龙图案，这两条龙在腾飞时，身子扭转过来，互相回看对方；第

二组是一对跳舞的人,他们头戴华丽的帽子,帽子后面有长长的尾巴,好像在临风起舞;还有一些四条腿的猛兽,如麒麟,也是一种先人想象出来的代表吉祥安康的动物。这些人为什么在跳舞呢? 跳舞的时候为什么会有龙、凤和麒麟出现呢?

纹锦中正在跳舞的两个人并不是普通人,他们是古代非常厉害的人。他们掌握了与上天"对话"的能力,会巫术,他们正在一边跳舞,一边与老天爷"对话"。跳舞的人就是通过这样的方式,向上天祈求,希望大家来年能够平平安安、无病无痛、猎物丰富、有足够的肉和粮食吃。

龙、凤和麒麟,是吉祥、好运的象征,有了它们,就可以保护大家。跳舞的人还可以坐在龙、凤或麒麟身上,就好像自己飞上了天。

02

郭店楚简

古代的书本和大学

郭店楚简上的文字典雅秀丽，有楚国特色，是当时的书法精品。郭店楚简内容包含了道家和儒家的著作，反映了春秋战国时期各学派之间、南方和北方之间文化的交流互动。郭店楚简的发现，为研究中国哲学、思想史、古文字学、简册制度和书法艺术等提供了宝贵的资料。

用火烤的书

很久很久以前，聪明的先祖发现扁平的乌龟壳，牛、马等的扁平骨头，可以用来刻画符号，把一些事情记录下来，这是最早的书写材料。但乌龟壳、牛骨头这些东西太重了，不方便携带。后来，人们把竹子削成薄片，在竹片上写字，这就是竹简。

竹简的制作并不简单。首先，要选择长得不错的好几年的青竹，这样的竹子比较硬，也比较韧，不容易被破坏。把竹子砍倒后，把枝叶去掉，锯成小段。用锋利的刀把段竹剖开，削成长方形的薄竹片。用火来烘烤一片片新鲜湿润的青竹片，青竹片被烤得冒出水珠，像出汗一样，这道工序叫汗青。汗青渐渐成为史书的代名词。南宋著名爱国诗人文天祥写的"留取丹心照汗青"的意思是青史留名。

火烤青竹片，既是为了防虫，又是为了便于书写。烤完火，需要把竹片表面的竹青刮掉，竹子的这层竹青容易割伤手，也容易长霉。然后，在竹片的侧面钻一排整齐的孔，用结实的绳子把

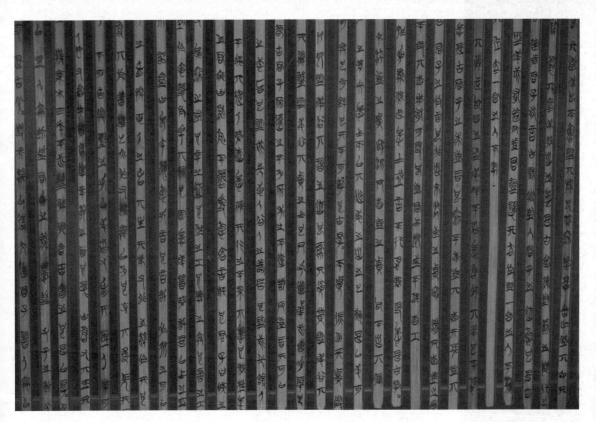

郭店楚简（局部）

刘静伟　摄

竹片一片一片地连起来，打结并捆绑结实，就形成了册。人们可以用笔在册上写字。

正是由于竹简的出现，以前的很多知识文化才可以流传下来，也使孔子、老子等人的思想和著述能流传至今。

1993年，在湖北省荆门市郭店村，一个楚国墓葬被发掘，从中发现了竹简，被称为郭店楚简，共804枚，上面的文字是用墨写的。郭店楚简有道家文章2篇、儒家文章14篇，其中以道家文章《老子》最为有名。

楚国的文字很有趣。可能因为南方森林茂盛，有各种羽毛鲜艳漂亮的鸟，楚国人非常喜欢这些鸟，在一些书写文字上加了鸟形装饰，使文字变得相当好看。

古代的第一所大学

西周时期，耕田用的工具比较简单，需要很多人一起劳动，而且要工作很久才能把土地耕完。但是到了春秋战国时期，人们开始使用铁制工具和牛来耕田。原来几十个人工作一个月才能完成的工作量，现在只要两三个人工作两三天就能做完，因此，经济得到快速发展。有些诸侯的财富和军队在数量上甚至超过了周天子，诸侯的权力和实力不断增大，大家都开始不听周天子的号令了。

面对越来越不听命令的诸侯，怎么办？不同的人提出了不同的解决方法，于是就有了儒家、道家、法家等派别。

战国时期，很多读书人都愿意去一个地方，这个地方离孔子的故乡曲阜很近——临淄城（今山东省淄博市），这是战国时期齐国的都城。临淄城有一处城门，叫作稷。齐国君主在稷门附近设立了一个学宫，叫作稷下学宫。稷下学宫是世界上第一所由官府创办的高等学府，可以称为古代的第一所官办大学。稷下学宫的校长被称为祭酒，校长由知识渊博的人通过推举来担任。

稷下学宫的学风非常自由，不同派别的学者都可以在稷下学宫开讲。齐宣王尊重人才，虚心好学，政策开明，招引各个学派的著名人物到稷下学宫讲学。各国学者纷纷来到稷下学宫，儒家、法家、墨家等各家学派林立，稷下学宫的规模和成就达到顶峰。各个学派的学者在稷下学宫围绕如何治理天下的主题展开辩论，相互吸收，共同发展，后人把这种争论称作百家争鸣。

孟子来到稷下学宫,齐宣王就让人忙前忙后地给孟子建造大房子,配给好马车、高工资,还特许孟子不用上班。他曾经向孟子请教怎样治理天下,留下了非常精彩的对话。

孟子问齐宣王:"大王假若您有一个臣子,他把一家大小托付给他的朋友照顾,自己去别的地方游荡了。等他回来的时候,他的一家大小却在挨饿受冻。对待这样的朋友,应该怎么办呢?"齐宣王不假思索地说:"和他绝交!"

孟子笑了笑,继续说:"大王,假如您的大臣管理不了他的手下,那应该怎么办呢?"齐宣王大义凛然地说:"撤他的职!"

孟子又缓缓地问:"大王,如果一个国家的治理很糟糕,那又该怎么办呢?"齐宣王这时才知道自己中了孟子的套路,尴尬得不知说什么好,只好左右张望,把话题扯开。齐宣王并没有生气,只是转过头把话题扯开,这显示了齐宣王的非凡气度,这也正是稷下学宫能够在齐宣王当政期间如此辉煌的政治原因。

稷下学宫里不同派别的观点各异,同一个派别的人对同一个问题的看法也未必相同。儒家非常出名的孟子、荀子,都曾经来稷下学宫讲学。但是孟子认为人性生来就是善良的,而荀子则认为人性生来就是邪恶的。隔着时空,仿佛仍可以听到稷下学宫传来的热烈的学术争辩。

03

漆器上的礼乐制度

彩绘乐舞图鸳鸯形漆盒

彩绘乐舞图鸳鸯形漆盒是湖北随州市曾侯乙墓出土的战国时期的漆器，2013年被列入第三批禁止出国（境）展览文物。曾侯乙墓中的漆器和乐器，再现了古代礼乐制度中贵族钟鸣鼎食的生活场景，让我们直观地感受到古代礼乐制度的教化功能。

禁止出国的漆器

春秋战国时期，楚国在南方，由于气候原因，很多木质家具容易受潮而发霉或者腐烂。但是，南方有一种漆树，将树干受伤处分泌出来的液汁涂在各种器物的表面，有耐潮、耐高温、耐腐蚀等特殊功能，又可以配制出不同色漆，让器物光彩照人。涂了漆的器物就是漆器。古代漆器的工艺水平很高，制造出来的漆器相当精美。曾侯乙墓中出土的彩绘乐舞图鸳鸯形漆盒就是其中的精品。

这个鸳鸯形状漆盒的颈部及其他地方还用红漆描绘出羽毛的纹饰，栩栩如生。鸳鸯的翅膀两侧都有彩绘图画：右侧画着一只不知名的野兽，正在拿两个鼓槌击鼓，一个穿着怪异的人正随着鼓声翩翩起舞；左侧画有一个像人又像鸟的乐师，拿着撞钟棒撞钟。正是这幅图解开了编钟如何演奏之谜。

曾侯乙墓中出土了中国古代的重要乐器——曾侯乙编钟。几十个编钟，到底怎么演奏呢？当大家苦苦思索时，无意间看到了鸳鸯形漆盒上乐师撞钟的图，顿时豁然开朗——应该用木头或者别的东西敲击钟体来演奏编钟。

彩绘乐舞图鸳鸯形漆盒
长20.1厘米
宽12.5厘米
高16.5厘米

周公制礼作乐

周武王灭掉商朝之后，建立了西周。为了管理好这么大的领土，周武王把领土分为几大区域，然后把几大区域的土地和人民分封给自己的兄弟和有功的大臣。经过分封后，西周王朝形成了周天子、诸侯、卿大夫、士这样的等级排序，周天子权力最大，一级一级向下递减，直到权力最小的士。

由于诸侯、卿大夫、士在各自的封地内可以有自己的军队，也可以自由收税等，权力很大。用什么方法约束他们呢？这实在是一个头疼的事情。幸好，周武王有个能干的弟弟——周公旦。周公旦德才兼备、忠心耿耿，他在分封制的基础上，建立了一整套礼乐制度，用来指导大家在不同场合的行为，通过礼乐来引导人们的意识。

在朝堂上，大臣要行三跪九叩的大礼，奏的音乐要庄严、肃穆，让人们感到一种庄重感，这是为了维护统治阶级的权威。普通老百姓的生活日常也与礼乐息息相关，见了长辈要用敬称，要尊老爱幼；别人有伤心事时，你不能在旁边唱歌跳舞等。

不同场合，不同身份的人，不但日常礼仪有别，所用的音乐也不一样，乐器的种类或者数量也不一样。西周的祭祀活动就是礼乐制度的集中体现。

周天子举行祭祀活动时，乐队在东西南北方排列成四面，用64人奏乐舞蹈，列成八行，称为八佾。祭祀完毕后，吟唱诗《雍》，这个规格只有周天子享有。诸侯举行祭祀时，乐队排列成三面，用36人奏乐舞蹈，列成六行，称为六佾。卿大夫举行祭祀时，乐队排列成两面，用16人奏乐舞蹈，列成四行，称为四佾。士举行祭祀时，乐队只排列一面，用4人奏乐舞蹈，列成两行，称为二佾。

祭祀完毕后是宴会。根据礼乐制度，吃饭也是有讲究的。在周朝时期，鼎不仅是祭祀用具，而且是盛食物的器具。根据周礼规定，周天子日常饮食有9种肉菜：牛、羊、乳猪、干鱼、干肉、牲肚、猪肉、鲜鱼、鲜肉干。

诸侯降一级，变成7种肉菜：牛、羊、乳猪、干鱼、干肉、牲肚、猪肉，叫作诸侯七鼎。如果诸侯也用九鼎的规格来吃饭，就违反了礼乐制度，就是僭越，因为诸侯要比天子低一个等级。

卿大夫再降一级，变成5种肉菜：羊、乳猪、干鱼、干肉、牲肚，叫作大夫五鼎。

士只有3种肉菜：乳猪、干鱼、干肉，叫作士三鼎。

诸侯、卿大夫和士都应该严格按照这样的规定来吃饭，如果超越自己的等级用鼎，那就不符合礼乐制度了。孔子经常苦口婆心地劝说大家要遵守礼乐制度：非礼勿视，非礼勿言，非礼勿听，非礼勿动。

西周时期，诸侯、卿大夫老老实实地遵守礼乐制度。到了春秋战国时期，周天子的威望下降，诸侯的实力上升，礼乐制度开始遭受破坏。

04

诸侯的强盛之路

莲鹤方壶

中国青铜器品种繁多，有酒器、食器、水器等。壶是青铜酒器中的一种，也是青铜礼器的重要种类之一。壶造型多样，有方壶、扁壶、圆壶、提梁壶等。方壶盛行于西周和春秋战国时期，莲鹤方壶是青铜酒具中的精品。莲鹤方壶是中国首批禁止出国(境)展览文物。1923年，河南新郑李家楼郑公大墓出土了两件莲鹤方壶，一件收藏于北京故宫博物院青铜馆，另一件收藏于河南博物院。

郑国的建立

在春秋时期，郑国算不上强大，它夹在晋国和楚国两个争霸几十年的大诸侯国之间，竟然有惊无险地存在了近400年，历经24位国君的统治，是诸侯国中商业最发达的国家。

周宣王把自己的异母弟弟姬友分封到镐京附近的咸林，即今陕西省华县西北一带，国号郑，姬友即郑桓公。西周末年，由于周幽王不理朝政，统治残酷，这让郑桓公意识到西周必然会出现祸端，而自己的封国靠近都城，一旦出事，必定会最先遭殃。如果想生存下去，就要谋求退路，最好在远离镐京的地方，为自己以及子孙后代寻找新的居住地。他在太史伯的建议下，决定东迁到洛阳东面。可是，这里有虢 (guó) 国和郐 (kuài) 国两个诸侯国，如何才能顺利东迁呢? 郑桓公开始进行筹划，他听说虢国和郐国的国君均是贪财之人，百姓对国君的统治非常不满。他派自己的长子带上丰厚的礼物到虢国和郐国，希望从两国国君手里借地居住。一方面，郑桓公是周幽王的亲叔父，位高权重，不敢得罪；另一方面，两国国君贪图郑国丰厚的礼物，经过考虑，决定各自献出五座城池。这样，郑国顺利地取得了这些地方的临时居住权。

西周灭亡后，继位的周平王决定将都城东迁到洛邑。郑国也随之东迁，由于姬友前期准备工作非常到位，因此，郑国举国迁移非常顺利。自此，郑国人告别了陕西老家，来到新的地方定居，把东迁之地称为新郑。由此，郑国开始了强国梦。

郑国灭虢国和郐国

继位的郑国国君是郑武公，他就是当时出使虢国和郐国借地的郑桓公的长子，在西戎进攻西周时，他与秦、晋、卫三国联军击退西戎，为周王朝立下了汗马功劳，获得了周天子分封土地的赏赐。可这些赏赐的土地连同之前借来的十座城池，也无法满足郑国人的居住。郑武公的理想是建立一个强大的郑国，于是，郑武公决定占领虢国和郐国，这样既不用归还借来的十座城池，还可以扩张领土。

关于郐国的灭亡，有这样一个故事，郑武公派人写了一份盟书，盟书上写着：我们作为郑国的内应，帮助郑国攻打郐国。盟书上签名的是郐国的一些大臣、名将。为了让郐国的国君发现这封盟书，郑武公在郐国都城的城门外，搭建了一座结盟明誓的祭台，并将假盟书埋在祭台下。郐国国君早在郑武公迟迟不归还借去的城池时，就提防着郑国的攻打，所以当他发现这个结盟明誓的祭台后，立即派人进行搜查，挖出了假盟书。愤怒的郐国国君未经考虑就杀掉了盟书上的大臣、名将。郐国的力量被削弱，郑国军队很快就攻下郐国。关于郑武公使用的这一招，在兵书《六韬》的《武韬·文伐》十二法中有这一计，叫塞之以道。

莲鹤方壶
刘静伟　摄
高 122 厘米
宽 54 厘米
重 64 千克

邻国被灭后，郑武公又利用机会灭掉了虢国。之后，郑武公发展农业、工商业，强国富民，兴建学校，教化民众，巩固国防，为日后郑国的强盛奠定了基础。

天子打不过诸侯

周王室东迁，主要依靠郑国和晋国。郑国国君是周王的同姓子弟，因此长期担任要职，掌管朝廷行政事务。到郑庄公时，郑国发展生产，扩充军队，在诸侯国中的影响非常大。周平王眼看着郑国一天天强大，便开始谋划削弱郑国在中央朝廷的势力，想借助其他诸侯的力量来打击郑国，结果直接导致周郑关系的恶化。

周桓王继位后，看不惯傲慢的郑庄公，就免去了他的官职。郑庄公因此发怒，不再给周王提供物资用品。

于是，周桓王在公元前707年，集合卫、陈、蔡三个诸侯国的军队，与自己亲率的王师军队组成联合军队，讨伐郑国。郑国也组织军队进行对抗。双方在繻（xū）葛（今河南省长葛市北）开战，郑庄公亲自指挥三军作战，一开战，先攻打实力最弱的陈国军队，陈军败逃，使得蔡国和卫国军队因畏惧郑国军队而仓皇逃跑。没有了帮手，周军大败。混乱中，周桓王被郑军将领一箭射中肩膀，周军只好边打边退。

郑庄公心想，如果把天子抓住或杀了，会引起其他诸侯的不满，甚至会被其他诸侯共同讨伐。于是，下令收兵回城。

战事自此结束，但周天子彻底丢失了面子，威信扫地。后来，郑庄公与齐国、卫国、宋国等大国结盟，成为当时的诸侯霸主，郑国也成为中原最强盛的诸侯国。

05

秦公簋

秦国强大的秘密

秦公簋是一件盛饭用的青铜器，它上面的铭文记录了秦国祖先建国的事情。春秋时期诸侯争霸，地处西部的秦国立国较晚，影响力也不大。但经过一百多年的努力，国力逐渐强盛起来。秦穆公继位时，秦国已经成为西部大国，于是开启了一统天下的目标。秦穆公是秦国称霸事业的总设计师。

从奴隶到一代名相

秦穆公成功的最大原因是善于用人。只要是有才能的人，不问出身或来历，即使是敌国的贤达人士，秦穆公也会一律大胆任用，做到用人不疑，留下许多任用贤能的故事。

秦穆公重用的第一位人才是楚国的百里奚。他自幼饱读诗书，才学过人，可是一直不能发挥才能。他历经宋国、齐国等诸侯国，也一直都没有得到重用。

百里奚终于经蹇叔举荐，在虞国当了个大夫。可惜虞君爱财如命、毫无远见。晋国想借道虞国攻打虢国，虞君竟然接受晋国的财物，不听百里奚的劝阻而答应了。这直接导致虞国被灭，这就是成语假途灭虢的来历。

百里奚被晋国俘虏并成为奴隶。后来，晋献公把女儿嫁给秦穆公，百里奚被当作陪嫁的奴仆。百里奚觉得这是奇耻大辱，在送亲的路上，乘人不备时偷偷地逃跑了，但在楚国边境被当作奸细抓住，成为看牛养马的奴仆。

秦公簋
高19.8厘米
口径18.5厘米
足径19.5厘米
腹径23厘米

　　秦穆公是一个细心的人，他发现陪嫁的礼单有一个叫百里
奚的名字，却不见其人，忙问此人的下落。他身边的一个人说：
"百里奚一直怀才不遇，大王如果能够得到这个人，对您的争霸
大业必有助益。"求贤心切的秦穆公立即为楚王准备了一份厚礼，
想换回百里奚。有大臣急忙劝阻："楚国人让百里奚放牛养马，
是不知道他的本领，大王要是备了贵重礼品去交换他，楚王一定
不会放他离开的。"秦穆公恍然大悟，便依照当时普通奴隶的价
格，派人带了五张羊皮换回百里奚。

　　百里奚被带到秦国，秦穆公亲自为他打开囚锁，坦诚地拜
见，询问他治理国家的方法。百里奚推辞说："我是个亡国之臣，
哪里值得国君赏识啊！"秦穆公说："虞君昏庸不听你的劝阻，
才使你被俘，这并不是你的过错。"百里奚感受到秦穆公惜才的

诚恳，两人在治国之事上相谈甚欢，一谈就是三天。

秦穆公认定百里奚确实是一位难得的治国奇才，便诚恳地请他担任相国，把秦国的军政大权都交给了百里奚。百里奚又推荐了自己的好友蹇叔，他说："我的朋友蹇叔比我更能干，大王要是想干一番大事业，就把他请来吧！"秦穆公立即派人聘请蹇叔，拜蹇叔为右相，百里奚为左相，在二人的协助下，秦国国力快速提升，很快称霸诸侯。

灭戎功臣

秦穆公重用的第二位人才是由余。由余的祖先本是晋国人，因为避乱逃到西戎。由余因才智过人，被戎王重用。西戎与秦国相邻，戎王听说秦穆公贤明，想向秦国学习，并与秦国建立友好关系，就派由余出使秦国。

秦穆公想炫耀一下秦国的财富，带着由余参观了豪华的宫殿和国库里积蓄的财物，本以为会得到称赞，但令他意外的是，由余看完后竟然长叹一声，说："这些宫室和积蓄，如果是让鬼神营造的，那就是让鬼神劳累了；如果是让百姓营造的，那就是让百姓受苦了。"这些话让秦穆公感觉被鄙视了，生气地质问："中原各国都借助诗书礼乐和法律来治理国家，还不时出现祸乱，而戎族没有文化，用什么来治理国家、教化百姓呢？这样的国家岂不更乱？要知道，没文化是很可怕的啊！"

由余笑着说："西戎族首领没受过文化的污染，国君只是怀着淳厚的仁德来对待臣民，臣民满怀忠信来侍奉国君。国家政事就像人支配身体一样，无须了解什么治理方法，这才是真正的圣人治国之道啊！"这番话让秦穆公对这个西戎的使者佩服得五体

国宝小档案

我的名字：秦公簋。

我的特征：具有西周晚期同类器物的遗风，敛口，鼓腹，盖有大捉手。器及盖上有蟠螭文体铸字，盖上有54字，器身51字，器、盖联铭，合成一篇完整的祭祀文章。器身装饰兽目交连纹、垂鳞纹、横条沟纹，盖沿和口沿每组纹饰间还设有上下相反的浮雕兽首。

我在哪里：中国国家博物馆。

我能告诉你：簋，是古代中国用于盛放煮熟饭食的器皿，也用作礼器，流行于商朝至东周，是中国青铜器时代标志性青铜器之一。秦公簋上的文字对研究秦人自古代末期开秦地之源，以及后来东迁的历史有着不可替代的作用。

投地。但这个人也让他心生忧虑：戎王拥有由余这样的贤才，对秦国是严重的威胁啊！

秦穆公为什么会有如此忧虑呢？当时的秦军在东进称霸的路上，一再遭受晋国的打击，秦国向东发展没有获得实质性的进展，如果将发展方向转移到西方，说不定会大有可为。基于这个思路，秦国制定了西部开发战略，由余就成为秦穆公争取的对象。

如何争取由余为自己所用呢？穆公私底下找来史称"内史廖"的臣子商量。内史廖说："戎王居住在偏僻、闭塞的地方，又没有文化，更没有欣赏过中原国家的优美音乐。您送他一些歌伎美女，带去中原的音乐、舞蹈，让他享受，使他沉迷于声色之中，必然会松懈对国家事务的管理；同时，您挽留由余，故意耽误他的归期，戎王肯定会对由余产生怀疑。当他们君臣之间出现了嫌隙时，您再说服由余归顺。如此一来，西戎就唾手可得了。"

秦穆公选派了一支美女组成的乐队赠送给戎王。戎王得到这些美女歌伎后，果然沉迷于享乐之中，不理政事。同时秦穆公万分热情地招待由余，不断暗示他可以留下来为秦国服务，同时趁机了解西戎的情况。一年后，由余回到西戎，看到戎王整天吃喝玩乐，不理政事，便不停地向戎王进谏。戎王对由余迟迟不归早已起了疑心，自然疏远了由余。受到冷落的由余，权衡再三后，终于离开西戎，去了秦国。

秦穆公巧施离间计就轻易地算计了戎王。秦穆公对由余委以重任，由余也倾力协助，帮助秦穆公成功获得西戎12个小国的领土，开拓疆域，从此称霸西戎，为后来秦国一统天下奠定了坚实的基础。

06

王子午鼎

王子午鼎造型灵动、花纹精美，工艺精湛，鼎的口沿旁边有六个构思奇巧的龙凤怪兽浮雕，兽口咬着鼎的口沿，兽足抓着鼎的腰箍，透着一股华美气势。鼎的主人是楚庄王（春秋五霸之一）的儿子——子午。子午曾担任楚国的司马（相当于国防部部长）、令尹（相当于总理）等重要职务。他任职期间，对国内人民施行德政，对外坚持楚国的争霸事业，这都离不开楚庄王对他的教导和影响。

楚庄王争霸

在西周时，楚国是一个爵位很低的小国。经过百余年的发展，春秋时期的楚国成为南方的一个大国，不光军队强大，地盘也很大。到底有多大，据说今天长江以南，南岭以北的地方，都是楚国的地盘。强大后的楚国向周天子请求提高自己的爵位，但周天子仍然把楚国看成落后的蛮夷，没有答应。既然周天子不给封爵，楚国的国君熊通就自己称王。

楚庄王时，国力不断强盛，他加快了北上与晋称霸的步伐。郑国是位于晋、楚两国之间的诸侯国，因此，对于晋、楚两国而言，夺下郑国是称霸至关重要的一步。一旦楚国占领郑国，就可以阻止晋国南下进攻的脚步；如果晋国攻占了郑国，那么楚国北上的步伐就会受到阻碍。正因如此，晋、楚两国先后发动对郑国的战争。处于晋、楚两国夹缝中的郑国，两边都不敢得罪，谁强

就屈服谁。尽管如此，郑国依然没有避免被晋、楚两国攻打的命运。有一年，楚庄王借故郑国亲近晋国，发动了楚郑之战。

楚庄王率军攻打郑国，途中他借口讨伐居住在陆浑的戎族人，在打败戎族之后，不断推进，楚国大军一路挺进到了周天子的首府洛邑南郊。然后，楚军就在这里停了下来。

为什么楚庄王停在周天子首府的所在地？有一种说法，楚庄王向周天子示威，因为周天子历来视楚国人为蛮夷，不仅没有提高祖先的爵位，还被中原诸侯国歧视。所以，楚庄王驻兵在天子城郊，就是要展示实力，让周天子胆怯。当然，虽然周天子的威信受到挑战，但天下共主的地位依然存在，一旦攻打周天子，楚国必然会遭到其他诸侯国的进攻，楚庄王不敢冒这个险。

可是，就这样屯兵城郊而不做点事情，楚庄王感到很憋屈。于是，他决定在周天子眼前举行一场盛大的阅兵仪式，声势浩大的演习可以展露楚军的强大。周天子深知自己的军队没有实力，便派出擅长外交的大夫王孙满，以慰劳楚庄王军队的名义去见楚庄王。

楚庄王问鼎

奉命来到楚庄王军队的王孙满，被楚庄王带着检阅军队。一边炫耀着军队的实力，一边说："你来得正好，我听说你们洛阳城里有镇国之宝，这宝贝相传是大禹铸造的九鼎，不知你们天子的鼎有多大，有多重呢？"

楚庄王轻轻的一句话，令王孙满大吃一惊，九鼎，是周天子的象征，楚庄王问鼎，这是赤裸裸地挑衅周天子的权威。王孙满

王子午鼎
高67厘米
口径66厘米
腹径68厘米
重100.2千克

只好避重就轻，委婉地说："九鼎是无法称量的，一个国家的兴亡在于君王是否德行高尚，以大义来治理国家，而不是鼎的大小轻重。"楚庄王一听王孙满带有警告意味的话，立即反驳说："有九鼎就了不起吗？如果我把兵器上的铜钩取下来，足够铸成九鼎。"

王孙满接着说："大禹让九州的长官献金，并用这些上贡的金属铸造了九鼎。九鼎身上分别刻着山川物体，不同的精灵鬼怪，并且教会百姓懂得鬼怪危害的情况。所以，九鼎不仅是避凶祥物，而且也体现着君主的德行是否高尚。如果君主德行有污，必会遭到天下人的反对，九鼎也会易主而迁。桀德行败坏，九鼎迁到了殷朝。殷朝延续了六百年后，殷纣王残暴无道，九鼎又迁

到了周朝。即使今天的周王室衰微了，九鼎仍在周王室，不仅仅是周天子的德行很高尚，这也是上天的意旨。所以，直接问鼎的轻重是违背上天的意旨的。"

楚庄王在周王室郊外阅兵、问鼎轻重，楚庄王称霸的野心天下皆知，这标志着楚国已经成为一个强国。

楚庄王的王道之路

楚庄王自诩有周武王之志，而深感无周武王之德，于是他立志树德行、收人心、申信义于天下，来改善楚国和自己的形象，以实现更远大的抱负。

问鼎中原九年之后，羽翼丰满的楚国再次向中原第一大国——晋国发起挑战。楚晋两国的军队在邲（今河南郑州北）交战。楚军士气高涨，诱敌渡过邲水，而晋军将帅不和，指挥失当，尸横遍野，楚庄王不忍再看这样的惨状，下令楚军停止追杀。

当时楚国大臣建议庄王收集晋军的尸体建筑成纪念碑，楚庄王说："我攻打晋国本就没有德行可言。一个无德之君用晋楚将士的枯骨来建立自己的丰碑，以后怎么教育子孙呢？"虽然取得了邲之战的胜利，但楚庄王力排众议，不作任何羞辱晋国和威胁其他诸侯的纪念活动。

又过了三年，楚、鲁、秦、宋、陈、卫、郑、齐等14国在蜀会盟，正式推举楚国为盟主，楚庄王成为称雄中原的霸主。楚国终于可以真正地问鼎中原了，中原大国承认了楚国的霸主地位，楚国的霸业达到了顶点。

07

曾侯乙编钟

伍子胥为父报仇

曾侯乙编钟是湖北随县（今随州）擂鼓墩曾侯乙墓出土的一套大型礼乐重器。曾侯乙编钟包含了60多件钟，但其中一件是楚国赠送的，是中国迄今发现数量最多、保存最好、音律最全、气势最宏伟的一套编钟，代表了中国先秦礼乐文明与青铜器铸造技术的最高成就，在考古学、历史学、音乐学、科技史学等多个领域产生了巨大的影响。

直率坦荡的父亲伍奢

春秋末期，楚国是当时的大国，即使是当时同样强大的晋国和秦国也不敢小看楚国。但是这么强大的诸侯国，却被当时名不见经传的吴国灭掉了。小小的吴国为何能让楚国亡国？这与历史名人伍子胥直接有关。

伍子胥的父亲叫伍奢，被楚平王任命为太子建的老师。楚平王任命了一位叫费无忌的大臣来担任伍奢的副手。太子建到了娶妻生子的年纪，楚平王派费无忌替太子建迎娶回一位非常漂亮的秦国女子。

费无忌怂恿楚平王："秦国的女子长得这么漂亮，天下无双，大王为何不将她娶回来作自己的妻子呢？"当楚平王看到容貌出众的秦国女子时，就采纳了费无忌的建议。费无忌因此成了楚平王的心腹。

曾侯乙编钟

刘静伟　摄

　　费无忌知道这件事肯定得罪了太子建，担心太子建继承王位后加害自己，于是又在楚平王面前不断说太子建的坏话。楚平王听信了费无忌的话，将太子建调去镇守边疆，伍奢随行。

　　伍奢劝楚平王："大王，太子建没有半点私心。大王为什么要相信谗佞狠毒的小臣，而不相信亲骨肉呢？"这使得费无忌对伍奢怀恨在心。费无忌怂恿楚平王囚禁了伍奢，又派一位名叫奋扬的大臣去杀太子。这位大臣偷偷派人告诉太子建，让太子建赶紧逃跑。太子建逃到了宋国。

为送别父亲而赴死的哥哥伍尚

　　费无忌看到太子建逃跑了仍不甘心，又对楚平王说："可以把伍奢当作人质来诱惑他的两个儿子，然后一起杀了。"

　　楚平王派使者带着官印去伍尚和伍子胥的所在地。使臣说："王封伍尚为鸿都侯，伍子胥为盖侯，你们的封地之间相距不超过三百里。现在你们的父亲非常想念你们，所以派我来将官印给你们。"

哥哥伍尚说："父亲被囚禁三年，我和弟弟每天都忧愁得吃不下饭，担心父亲。现在得知父亲的死罪免除了，我们哪里还敢贪图官职呢？"伍子胥劝阻哥哥："现在去就是寻死，楚平王是想要我们的命啊！"哥哥伍尚说："作为儿子，假如能见一面父亲，即使死了我也甘心。"伍尚跟着使臣去见父亲，一到楚国就被囚禁起来，后来伍奢、伍尚都被杀害。伍子胥也被举国通缉。

伍子胥带着弓箭离开楚国，大义凛然地警告追上来的使者："滚回去告诉你们的楚平王，要想不亡国，就释放我的父亲和兄长。否则，我势必让楚国成为废墟！"

为父兄复仇的弟弟伍子胥

伍子胥白天躲藏，晚上赶路。有一天，一条大江拦住了去路，正着急时，看到江上有个渔夫。在伍子胥的恳求下，渔夫帮伍子胥安全地渡江，摆脱了追兵。

历经曲折磨难，伍子胥见到了吴王阖闾，备受器重。吴国采纳了伍子胥的建议，不断地攻打楚国，楚国疲惫不堪。后来，吴国出动了全部军队和唐国、蔡国共同攻打楚国，和楚国军队在汉水两岸列兵对阵。经过五次战役，打到了楚国都城郢都。不久，楚昭王出逃，吴国军队攻入郢都。为了给自己的父兄报仇，伍子胥掘开了楚平王的坟墓，对着楚平王的尸体用皮鞭打了三百下，把楚平王的头割下来，把楚平王的棺材拆了。

历经重重困难，伍子胥终于为父亲和哥哥的冤死报仇。

一番话比一支军队强

楚国都城郢都被攻陷前，当时的楚国国君楚昭王仓皇逃往随国（即曾国），吴王率领军队追上。吴王对随国人说："你们为什么要保护楚王呢？灭掉楚国后，汉水以北的土地就都归你们随国了。"

随国的人对吴王说："我们随国位置偏僻又狭小，紧挨着楚国，是楚国庇护了我们，而且随国和楚国世世代代都有盟誓，至今没有改变。如果盟友有危难就抛弃他，这样贪生怕死、卖友求荣的人，又怎么能伺候好吴王您呢？如果您能安抚好楚国境内的人民，连楚国人民都愿意服从您，那我们随国又怎么敢不听您的命令呢？"吴王认为随君说得有理，自己的自尊心得到了满足，就撤兵了。

楚昭王非常感谢随国的救命之恩，和随国盟誓约定，从此把随国当作诸侯国（和楚国一样的地位）来对待。楚昭王死后，他的儿子楚惠王继位。楚惠王继承父亲的盟誓，永不忘随国救楚之恩。当年保护楚昭王的那位随君是曾侯乙的父亲。随国曾多次帮助楚国国君，对楚国两代国君有救命庇护之恩，又有助楚王重回楚国之恩。楚惠王五十六年，当获悉曾侯乙去世的消息时，他特送此钟来表达感恩之情。于是曾侯乙编钟中，便有了楚国送过来的这份大礼。伍子胥为父报仇的故事，其实是在楚国和吴国争霸的大环境下发生的，也反映了春秋战国时期，各诸侯国征战不休、企图称霸的乱世纷争。

国宝小档案

我的名字：曾侯乙编钟。

我的特征：编钟共有三层，分为八组，最上层三组19件为钮钟，中下两层五组共45件为甬钟，有长柄，敲击的钟周身有蟠虺纹，外加楚惠王送的一口镈钟，共65件。钟架由金属和木头组成，横梁是木质，上面有漆绘制。中下层横梁各有三个佩剑铜人，作为支撑。

我在哪里：湖北省博物馆。

我能告诉你：曾侯乙编钟的出现，表明中国青铜铸造工艺的巨大成就，说明战国时期的演奏规模相当巨大，证明我国古代音律科学的发达程度，是中国古代人民音乐高度智慧的结晶。

08

吴王光鉴

安徽省寿县蔡昭侯申墓出土的青铜器中，最引人注目的是一对青铜鉴。根据鉴内铭文，这对青铜鉴是吴王光为女儿叔姬制作的陪嫁品，考古学家将它们命名为吴王光鉴。吴王光，即大名鼎鼎的春秋霸主阖闾。考古学家们结合鉴内配有的圆形壶和勺，经研究判定圆形壶称尊缶（fǒu），用来装酒，匜（yí）形勺用来舀酒和倒酒。在尊缶与鉴的间隙处放置冰块，可以用来冰酒，它是中国最古老的冰箱。

伍子胥献计攻楚，吴蔡联姻

春秋时期，吴王阖闾是一个不可忽视的重要人物，他是春秋末期的霸主。吴国称霸的最大竞争对手是楚国，吴楚两国一直争夺江淮流域的控制权。

与吴国邻近的蔡国已经被楚国奴役很多年，尤其是楚国嚣张跋扈的权臣，并不把这些臣服的小国君主放在眼里。有一年，楚国令尹子常看中了蔡昭侯的皮衣并向他索要，结果被拒绝。子常怀恨在心，不断地在楚昭王面前说蔡昭侯想摆脱楚国的控制，不能让他返回国内，否则不利于楚国。最后，蔡昭侯被楚国囚禁三年之久，受尽屈辱。

蔡昭侯回国后请求晋国帮助蔡国攻楚。在晋国的授意下，蔡国灭掉了一个附属于楚国的沈国，引得楚国发动了对蔡国的战争，蔡昭侯请求吴国帮助。

在蔡国求助前，吴王阖闾早就听取了伍子胥振兴吴国的建议，屯积粮食，充实兵库，为称霸大业做准备。阖闾亲自拜孙武为将军，教授吴国士兵兵法，操练队伍，提高了吴军的军事素养。经过几年努力，吴国的国力不断增强，有了称霸的资本和实力，成为春秋末期最强大的国家之一。

吴王阖闾采纳了伍子胥提出的骚扰楚军的车轮战建议，将吴军分为三支，开始了长达6年的征战。当吴军的第一支部队袭击楚国边境的时候，楚国果然立即派大军迎击。看到楚军出动后，吴军便往回撤。等到楚军返回时，吴军的第二支部队又开始进攻楚国边境，楚军立即折返迎击吴军，吴军又撤走了。楚军再次扑空，只好返回。楚国连年应付吴军，人力、物力都被大量耗费，国力空虚，而楚军将士疲于奔命，斗志全失。

后来，蔡国向吴国求助，吴王阖闾觉得伐楚时机已到，便联合了楚国周边的蔡国、唐国等长驱直入，在柏举之战中以少胜多，以3万兵力击败楚军20万兵力，给了楚国一次沉重的打击。

第二年，吴王阖闾为了巩固与蔡国的联盟，决定把女儿嫁给蔡昭侯，共修两国百年之好。嫁妆中有一对吴王光鉴，其上铭文的最后一句是父亲阖闾对女儿的叮嘱，让女儿与君王和睦相处，吴蔡联盟世世代代地传下去。后来，复国后的楚昭王讨伐蔡国，蔡昭侯向吴国告急，吴国出兵救蔡，并把蔡国都城迁到州来。

吴王光鉴
高35厘米
口径59厘米

阖闾丢命

楚国为了对付吴国而拉拢越国，派人帮助越国训练军队，经常鼓动越国对吴国搞小动作，骚扰吴国。柏举之战时，吴楚双方打得热火朝天，越国趁机入侵吴国，迫使吴国从楚国撤军，赶回来对抗越国。

吴越两国结下了很深的仇怨。现在吴国强大了，当然不能再让越国得意，而且想想以前吃过的哑巴亏，怎么可能善罢甘休？

阖闾的下一个目标，就是要把越国打得服服帖帖。

阖闾提出亲征，孙武和伍子胥都激烈反对，可阖闾坚持自己的意见，非要亲手把军旗挂在越国的城头不可。一次又一次的胜利，让他觉得自己就是天生的勇士，哪有人敢对自己动手。

在攻打越国的战争中，阖闾不幸受伤。受伤后的阖闾可能因为细菌感染，回到国都几天后就去世了。阖闾的死，让吴军失去了灵魂人物，加上还要操办国王的丧事，所以被越国的军队打得大败而归。

09

越王勾践剑

吴越两国扯不断的仇怨

越王勾践剑于1965年出土于湖北省荆州市江陵县望山的古墓群，因剑身刻有"越王鸠浅，自作用剑"八字，越王鸠浅就是越王勾践，所以这把剑被称为越王勾践剑。越王勾践是春秋五霸中的最后一位霸主。

邻居成为世仇

在两千多年前的春秋时期，越国只是东南边陲的一个小国，位置大概在今天的浙江一带，对中原而言，它就是个偏远落后的小国。和它一样的，还有它的邻国吴国。

周王室已经没有力量控制天下了，只是名义上的共主。周王朝分封的诸侯国争夺着土地、人口和领导权，实力强大的君主在战争中成为霸主，拥有号令其他弱小诸侯国的权力。第一个成为霸主的是齐国的齐桓公，之后相当长时间，北方的晋国和南方的楚国持续争霸。晋楚两国实力相差不大，又各自拉拢了一些小国做盟友，双方谁也奈何不了谁。

晋国的君臣们一直琢磨着怎样给楚国找点麻烦，于是派人教会了吴国人使用兵车和打仗。此后，吴国一直给楚国找麻烦，甚至一度攻克了楚国的都城郢都。楚国人就去支持吴国的邻国越国，让越国在吴国背后捣乱，于是越国和吴国就这样积下仇怨。

公元前496年，越王允常去世，吴王阖闾兴冲冲地带着大队人马教训越国，结果因受伤而一命呜呼。

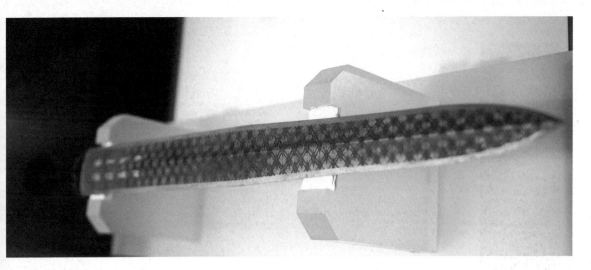

越王勾践剑
刘静伟 摄
长55.6厘米
宽5厘米

　　阖闾之子夫差励精图治，使吴国的实力快速增强。三年后，勾践决定先下手为强。越国大夫范蠡劝勾践不要打，但勾践不听。结果风水轮流转，勾践在夫椒（今江苏无锡洞庭西山）被吴国军队打败，当时勾践想死的心都有了，范蠡劝阻了他。

国君沦为囚徒

　　范蠡建议勾践和吴国议和。勾践就派大夫文种向夫差求和。虽然吴国的大臣伍子胥力主一鼓作气灭掉越国，但越国君臣通过向吴国的太宰伯嚭行贿，逃脱了灭国的命运。按照协议，越国要向吴国称臣纳贡，越王勾践作为人质去了吴国。勾践刚到吴国时被囚禁在会稽，内心十分沮丧，大夫文种对他说："当初夏桀把商汤囚禁在夏台（在今河南禹州南），周文王也被商纣王关押在羑（yǒu）里（在今河南汤阴北），晋文公重耳和齐桓公小白也曾逃亡国外，可他们最后都成就了霸业。和他们相比，您受的这点委屈又算得了什么？"勾践听完后深受启发，暗下决心，要重

新振作起来。

夫差让勾践去做自己的马夫，并且把给勾践住的屋子盖在了吴王阖闾的坟墓旁边。吴王夫差每次出门，都会让勾践来牵马，范蠡等越国官员们都被安排去当奴仆。勾践懂得忍耐，一方面对吴王夫差表现得相当顺从，另一方面贿赂吴国大臣为自己说好话。

时间一长，吴王夫差认为越王勾践是真的臣服于自己了，就释放勾践回国。勾践回国以后，每天睡在柴草上，并在墙上挂了一个苦胆，每天醒来的第一件事就是尝一口苦胆汁，然后对自己说："你忘了在吴国受到的屈辱了吗？"这件事后来演变成了成语卧薪尝胆。

勾践在越国鼓励生育，勤加训练军队，积蓄力量准备向吴国复仇。但是在表面上，越国继续向吴国称臣纳贡，麻痹吴国君臣。

越国将西施送给夫差，让她用美色迷惑夫差。西施是古代著名的美女，传说鱼儿看到她在水边浣纱的样子都会忘记游动，慢慢沉入水底，这就是成语西施浣纱的来历。

风水轮流转

公元前486年，夫差在邗（今天的扬州）筑城，挖了邗沟运河，连接了淮河与长江。

西施到了吴国后，夫差很喜欢她，在她的影响下渐渐放松了对越国的监视和警惕。当然，收了越国很多贿赂的伯嚭也为越国

国宝小档案

我的名字：越王勾践剑。

我的特征：通体青铜铸造，剑身中脊起棱，饰黑色菱形花纹。正面近格处有鸟篆铭文。剑格正面嵌蓝色琉璃，背面嵌绿松石。

我在哪里：湖北省博物馆。

我能告诉你：这是越王勾践亲自督造的兵器，反映了春秋晚期中国东南地区的青铜器铸造工艺水平，在当时，中国人就已经掌握了"复合金属工艺"，懂得通过使用硫化铜、镀铬等方法来防止金属锈蚀。剑身上刻的文字被称为"鸟虫书"，是古代篆书的变体，可以用来研究古代汉字的演变。

说了很多好话。但是伍子胥却总是在夫差面前喋喋不休地讲着要警惕越国的话，这让夫差觉得很烦。公元前484年，夫差找借口命令伍子胥自杀。之后，吴国的君臣们都忘记了身边有着越国这么一个时刻准备向它复仇的敌人。

公元前482年，夫差迫使鲁国等好几个诸侯国向它低头，于是夫差率领吴国的全部精锐部队北上黄池（今河南封丘），与各国诸侯会盟，打算和晋国争夺霸主，这就是历史上著名的黄池会盟。

越王勾践趁吴军北上、国内空虚之际，出兵攻打吴国，击败了吴国留守军队，并且杀死了吴国太子友。公元前478年，越国发兵攻打吴国，在笠泽（今江苏苏州市吴江区一带）打败吴国的军队，吴国从此一蹶不振。公元前476年，勾践再次派兵攻打吴国。公元前473年，越国终于灭掉了吴国。吴王夫差自杀。

在越国灭掉吴国后，范蠡对文种说："勾践脖子长，嘴巴又尖得像鸟嘴，是一个可以同患难但无法共富贵的人，我们应该辞官，离开越国。"

传说范蠡带着西施离开越国，每到一个地方都能通过做生意赚满千金，然后又把千金全部分给当地人后离开，这就是成语一掷千金的由来。最后，范蠡定居在宋国的定陶（今山东菏泽市定陶区南），大家都叫他"陶朱公"。文种没有听范蠡的话，继续留在越国，最后真的被勾践逼迫自杀。

灭吴之后，勾践也想去中原争夺霸主之位，于是把国都迁到琅琊（在今山东胶南境内），成为春秋时期最后一个霸主。越国迁都后，经常参加诸侯国之间的战争，国力慢慢衰弱，一百多年后被楚国灭掉。

六个打不过一个

王命传铜虎节

节和符是调动军队、出入关驿及征收赋税的凭证，用时双方各持一节，合符验证无误才能生效。王命传铜虎节由青铜制成，整体呈虎形，正面背上刻有"王命命传赁"五字，意思是：王命令各驿站，凡有人持此节过站，可借与车马及饮食。通过王命传铜虎节可以了解战国时期的纵横捭阖与驿传制度，感受诡谲变幻的时代风云。

合纵联盟

战国时期，有人在外交中凭借灵活的头脑和良好的口才，获得了显赫地位和荣华富贵，其中著名的有张仪、公孙衍、苏秦、范雎等。《战国策》主要讲述了战国时期游说之士的主张和策略。

魏国比较强大，它四处欺负别的国家，惹来众怒，韩、楚、齐、秦、赵几个国家先后反击。最终，魏国被这几个国家打得只能自守。

秦国逐渐强大，公孙衍是秦国的宰相。魏王花重金收买公孙衍，公孙衍开始暗地里帮魏国。后来被秦王发现，公孙衍就干脆跑到魏国去了。

公孙衍游说楚、魏、韩、赵、燕五国结成联盟，共同对抗秦国。各国分散虽然实力弱，但一箭易断，十箭难折，团

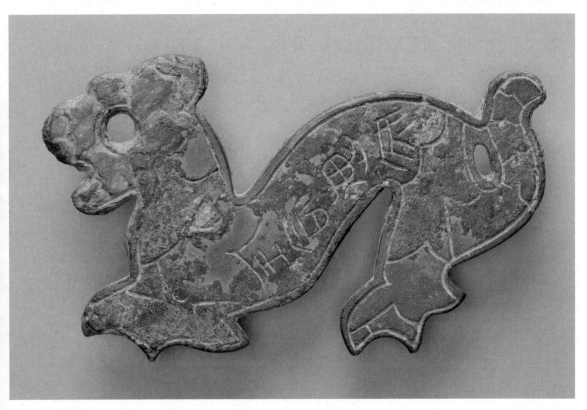

王命传铜虎节
长 12.4 厘米
高 7 厘米
厚 0.5 厘米

结起来就强大了。秦国在西方，六国在其东方，六国联合像是从南到北画下了一条纵线。公孙衍的策略，就是历史上有名的合纵策略。

一条舌头搞垮联盟

秦国最担心害怕的，就是东面的六个国家联合起来，于是想尽办法拆散他们。张仪游说秦王和东边的国家分别签订友好条约，东西横向连线，就可以打破南北纵向连线。这就是历史上有名的连横策略。

张仪和公孙衍成了对手，一个要合纵，一个要连横。公孙衍几次联合东方国家攻打秦国，但都失败了。在此过程中，秦国发现，楚和齐两国实力较强，它们联合后更加不好对付。秦国决定先破坏他们的关系。

张仪跑到楚国，对楚怀王说，如果楚国和齐国绝交，就送还之前占领的六百里土地。楚怀王经不起诱惑，与齐国断交。

齐王对楚国的背信弃义很气愤。这时候张仪又跑到齐国，跟齐王说，秦和楚已经结交，如果齐国不跟秦国结交，到时候就后悔了，于是齐国也跟秦国结交了。

计谋一旦得逞，秦国就食言，没有把六百里土地送还楚国。楚怀王很生气，发兵攻打秦国，却被反揍了一顿。楚怀王还是很生气，再打，还是打不过，损失惨重。

这太让人气愤了，土地被抢了，又被骗了，最后还被打了。更让人气愤的是，韩、魏两国趁火打劫，抢了楚国的一些土地。合纵的朋友彻底做不成了。张仪又跑到赵国和燕国游说：你看你们的合纵联盟靠不住，赶紧向秦国求和吧，不然到时候后悔莫及。赵国和燕国分析形势后，只好照做。

东方六国相互责怪对方不讲信用，合纵联盟被破坏了。后来，秦国长期派出大量的人，到各国用钱财和珍宝收买他们的大臣，最终把合纵联盟彻底搞垮了。

六国之间的关系就好像摆钟一样，在合纵、连横之间摇摆。这给了秦国机会，他们每摇摆一次，秦国就借势往东扩张一点，六国的抵抗力就又弱了一些。成语朝秦暮楚，指的就是这种时而倾向秦、时而倾向楚的情况。

春秋战国的邮政快递

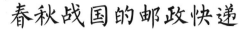

国宝小档案

我的名字: 王命传铜虎节。

我的特征: 青铜器，扁平状，文物上刻有铭文，老虎伏低身子，昂首张口，栩栩如生。

我在哪里: 中国国家博物馆。

我能告诉你: 持有虎节的人身负王命，持之远行，所经过的驿站要负责接待，虎节是可得驿站食宿的通行证。今天流传下来的秦朝以前的青铜节只有十多件，这是一件非常珍贵的文物。

张仪在各国游说，如何与秦王保持联系呢？那时候联系只能靠信件，通过驿传来完成。

驿传是古代的邮政系统。春秋战国时期，各诸侯国的军事行动、联盟会议是家常便饭。像张仪、公孙衍这样奔走于各国的人很多。事关国家安危大事，信息传递非常关键，所以各国对信息的快速传递要求都很高，需要不断地修整道路。《诗经》里形容当时的路：大道平坦似磨石，笔直像箭杆（周道如砥，其直如矢）。

古代车马的行驶速度远远比不上现代的交通工具，中国幅员辽阔，往返一趟通常需要较长的时间。国家就沿路每隔几十里设一个驿，类似于今天高速公路边的服务区。驿站的官员被称为驿丞，他们安排人白天值班、夜晚巡逻，保证道路畅通，宾客安全，还要及时检修车辆，平整道路等。

送信的人被称为驿使。驿使带着通关卡的符信，一路快马加鞭，跑累了就到驿站里休整。驿站的人见到这个符信就要提供食物和住宿，还要提供接替的人和马，最快的时候一天可以跑五百里。王命传虎节就是战国时期楚国信息传递的符信。

可以想象当时张仪奔走于各国游说，公务繁忙，一定经常发这种快递，把他在各诸侯国得到的消息及时传送给秦王。

整个战国时期，在合纵与连横的斗争中，秦国最终取得了胜利，但代价太大了。战国时期另一个主张合纵的外交家苏秦曾说，一场大战，所有战死者的安葬、医药费用和车马武器的损失，用十年的田地收入也无法弥补啊！连年战争给人民带来了巨大的灾难。

最强控制术

阳陵虎符

阳陵虎符是一件铜制军中信物。现存最早的四件铜制虎符都是秦国的，阳陵虎符便是其中之一。春秋战国时期，是中国历史上著名的混乱时期，很多诸侯国打破陈规，在国内进行了大刀阔斧的改革。不同国家军事行动的成效直接影响着国家的命运。那么，如何在古代有效地发号施令、指挥军事行动呢？其中的很多秘密都藏在阳陵虎符中。

卑微之器的威力

从山东发掘出来的铜质阳陵虎符，没有珠光宝气的光彩耀眼，斑驳暗淡；没有让人惊叹的工艺装饰，看起来简陋、拙朴、平凡；没有硕大的体形，只有三指大小，显得卑微可怜。

但是，这件貌不惊人的阳陵虎符蕴含着无可比拟的超凡魅力。

战国时期，秦国率兵把赵国国都邯郸围了起来。魏国釐王派老将晋鄙率十万大军救赵，但又害怕强大的秦国，便命令军队驻扎在邺，两边观望。

魏国名士、魏王的弟弟信陵君心急如焚，他不认同魏王这种背信弃义的行为。更关键的是，魏赵唇齿相依，面对虎狼之秦，更是死生与共。信陵君的姐姐嫁给了赵惠文王的弟弟平原君，如果秦国攻破邯郸，那么他姐姐也危在旦夕。

因此，信陵君多次劝谏魏王，但魏王不为所动。时间一天一

阳陵虎符
长 8.9 厘米
宽 2.1 厘米
高 3.4 厘米

天地过去，国难家险，信陵君再也等不下去了，他准备带领自己的家臣，率领自己掌控的几百乘战车，直赴战场。

这时候，他的谋臣侯生对信陵君说，您无异于以卵击石，最后只落得壮烈牺牲，根本解不了这个危局。信陵君看侯生似乎有更好的办法，便让其和盘托出。于是，一个胆大包天的计谋被提了出来，足以拯救赵国，足以铭记史册。

侯生建议信陵君直接指挥十万大军。但晋鄙是前线主帅，怎样做才能让信陵君担任主帅，调动这十万大军呢？

侯生说，魏王的宠妾如姬是赵国人，可以自由出入魏王的宫室。如姬有杀父之仇未报，信陵君派人为她报了父仇。如果信陵君出面，基于恩情让她帮忙，让她从魏王卧室里偷来调兵大权的信物，那么信陵君便可以凭兵符直接指挥边境的大军了。

如姬偷走的正是那个三指大小的阳陵虎符，它象征着魏王的命令，足以让十万甲兵听令，足以指挥万马千军。信陵君拿着虎符到军营，从而指挥魏军迅速行动，击溃了秦军的围困，终解邯郸之围，救了赵国，改写了历史。

由此可见虎符的重要性。古往今来，对驻扎各地军队的有效控制，往往是统治者们的头等大事，如果控制不好，往往容易出现极大的动荡和混乱。

兵符秘诀

在中国古代，在通信和交通极不便利的情况下，君王以一己之身，有限之力，跨越千山万水，牢牢控制住四方军队，必然要运用大智慧。阳陵虎符就是最好的证明。中国古代兵符是帝王控制军权的秘诀所在。

第一，兵符一分为二，合上后才能调兵。大家可以细致研究虎符上面的篆字铭文，虎身左右两边皆篆刻着"甲兵之符，右在皇帝，左在阳陵"，意思是兵符的一半授予地方主将，一半直接掌握在君王的深宫，只有两块虎符合并，军队才可以调动。士兵们在接受训练时会被反复灌输，只有见到两片相互"符合"的虎符时，才能听从将领的调遣。如果皇帝发现一支军队离开了驻地，而自己的那片虎符还躺在宫中，那么可以直接认定是将领起

我的名字：阳陵虎符。

我的特征：青铜铸成卧虎状，中分为二，虎的左、右颈背各有相同的错金篆书铭文 12 字。

我在哪里：中国国家博物馆。

我能告诉你：这是秦始皇统一中国后，颁发给阳陵驻守将领的虎符。因为虎符是发兵之信物，多做得精致短小，从而易于藏匿，不易被人发现。阳陵虎符隐藏的却是中国古代君王们最重要的管理智慧。

兵造反，从而快速组织军队进行防卫和出击。

第二，兵符超强防伪，极难仿制。虎符上镌刻的文字是先在它上面刻出阴文，再把金丝嵌入进去，最后打磨光亮。这样的工艺，普通机构根本无法掌握，一般只有官府的御制工匠才有这样的材料和技术。从现在发掘出的几个兵符来看，其纹路十分细腻，就如同人的指纹一般，如果有人制作了一个做工粗糙的假虎符，一眼就会被主将识破。

第三，兵符一地一符，专符专用。每个兵符都有不同的规格和样式，一个兵符不允许在不同的地方调动不同的军队。每一个政权都会颁发不同动物样式的兵符，比如唐代就出现过鱼符、兔符、龟符等样式，最多时全国有 60 多个各不相同的兵符。老虎形象威武凶猛，最能象征军队，所以，在中国古代，虎符成了最流行的样式。一地一符意味着即使有人偷走一块虎符，最多也只能调动一支军队，不会出现一块兵符调动其他军队的情况。如果出现一支军队的兵符被偷时，也很容易被其他军队剿灭。

第四，虎符之外，并发玺书，相互印证。君王如果要调动某一部队，除了指派信使带去兵符之外，还要发出盖有玺印的圣旨诏书。所以，在战国之后，即使还有信陵君这样的人有机会窃得虎符，如果没有携带盖有玺印的诏书，那么他仍然无法调动军队。诏书上一般还会规定使用期限，将军在使用完兵符后，要立即将兵符上交。如果战事久拖不决，皇帝还会派出监军，甚至收回兵符。

古代君王们通过这样一些巧夺天工的技术和严密的制度，让全国各地将士都听从自己的意志，这不得不让人惊叹。

皇帝的仲父

吕不韦戈

吕不韦戈是出土于陕西三原县的战国中晚期青铜戈，戈胡部两侧均刻铭文，正面是"五年，相邦吕不韦造。诏事图、丞蕺、工寅。"背面为"诏事、属邦。"在兵器上刻上这类文字的做法叫物勒工名，即器物的制造者要把自己的名字刻在器物上，以方便管理者追查制造者的责任。"图"秦国属国；"工寅"，即制造它的工匠名字叫寅；"丞蕺"，车间主管，名叫蕺；"相邦吕不韦"，指秦国丞相吕不韦。

史上最成功的投资

相邦，有时也叫相国、丞相，这个官职由秦武王设置。秦武王嬴荡力气很大，当了秦王后到东周的洛阳去举象征周天子王权的九鼎，结果鼎当场落地，武王伤势过重，很快去世。

嬴荡之弟嬴稷继位，史称秦昭王。嬴稷是秦国历史上最长命的君主，在位56年。在秦昭王众多的王孙中，孙子异人被送到赵国的都城邯郸做人质。当时秦国采取远交近攻的策略，逐渐夺取了韩赵魏楚等国的大片土地，是战国七雄中实力最强大的。

秦赵关系紧张，在赵国当人质的嬴异人生存艰难。吕不韦是卫国商人，在邯郸做生意时遇到落魄的嬴异人。他指着嬴异人对别人说："他就好比一件可以囤积起来的稀奇货物，等待高价出售。"于是他告诉异人可帮其光大门庭。异人对吕不韦说："先生还是先光大自己的门庭再说吧！"吕不韦说："正是光大了你的

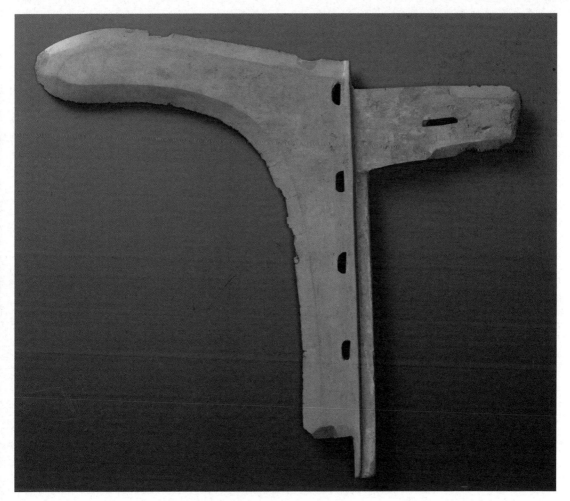

吕不韦戈
通长27.6厘米
胡长16.8厘米

门庭才能光大我的门庭。"成语奇货可居说的就是这件事。

吕不韦给了嬴异人五百金,又到秦国花了五百金说服秦国太子安国君最宠爱的华阳夫人,将异人立为太子,并把赵姬送给嬴异人。后来赵姬在政月为嬴异人生了儿子,起名嬴政,就是后来统一六国的秦始皇。古人在一月集中处理国家政务,所以一月也叫政月。后来要避秦始皇的名讳,就改叫正月了。

公元前260年,秦国和赵国为争夺原属韩国的上党郡进行了长平之战,赵国战败,秦军主将白起将40万投降的赵国士兵全部活埋。之后几年，秦国又数次围攻赵国的都城邯郸，赵国打算处死嬴异人出气。在吕不韦的策划下，嬴异人逃离赵国，回到秦国，并改名为子楚，后成功继位，史称秦庄襄王。秦庄襄王为了报答吕不韦，封吕不韦为文信侯，并担任秦国的丞相。

秦王的仲父

公元前249年，吕不韦派兵攻占洛阳，灭东周。公元前247年，秦庄襄王去世，嬴政继位。这年嬴政才13岁，尚未成年，所以由太后赵姬代他管理国家。吕不韦被尊为仲父，以丞相的身份主持政府工作，成为当时秦国权力最大的大臣。仲父是当时国君对宰相的一种敬称，意思是仅次于父亲，但又比叔父更值得尊敬的人。此时，吕不韦在秦国的权势很大，所以投奔他的门客有三千多。

门客是指古代拥有一技之长而投奔贵族，并被供养起来的人。他们平时不用干活，当贵族有事时需完成贵族交代的工作。战国时候的贵族特别喜欢供养门客，还会攀比各自拥有门客的数量。当时齐国的孟尝君、赵国的平原君、魏国的信陵君、楚国的春申君，因为供养了很多门客，被称作战国四君子。

吕不韦让门客将见闻记述下来，并整理成书，取名《吕氏春秋》。这部书对战国时期各个学派的思想主张都有引用和采纳，吕不韦对它非常满意，宣称凡是有人能够对《吕氏春秋》增加或减少一个字，就奖励一千金。这件事后来演变成成语一字千金。

秦国在吕不韦的主持下持续发动对东方五国韩、赵、魏、楚、燕的战争。秦国相继攻占了韩、赵、魏三国的大片领土。

频繁的战争使秦国军队对兵器的需求量大增，秦国的兵器作坊在这期间生产了大量不同类型的兵器，如吕不韦戈。兵器不同于其他器物，一旦出现质量问题，不但会造成参战士兵的大量伤亡，甚至还会导致战争失败。因此，政府对兵器生产的监督和管理非常严格，要在兵器上依次刻上工匠、监工、作坊主管乃至丞相的姓名，所以吕不韦的名字才会出现在青铜戈上，这种管理被称为"物勒工名，以考其诚"。

已经亲政的嬴政不喜欢有个人在身边指手画脚，吕不韦被罢免了丞相，并被赶回河南洛阳的封地。但吕不韦门客众多，名气也大，于是其他诸侯国都派人去联络他，希望吕不韦能够到自己国家去当官。秦王嬴政担心吕不韦到了外国会对秦国不利，于是下了一道诏书把吕不韦流放到蜀地（今四川）。

吕不韦接到诏书后就喝毒药自杀了。在吕不韦自杀后一年，秦王嬴政发动了大规模的统一战争，用十年时间先后消灭了韩、赵、魏、楚、燕、齐六国，在秦王政二十六年，即公元前221年，统一了中国。

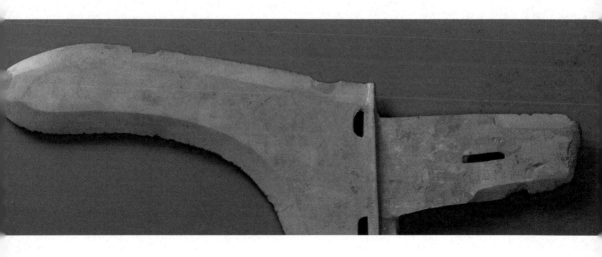

皇帝的仲父——吕不韦戈

全国统一标准

13

秦始皇、秦二世双诏版

秦始皇、秦二世双诏版上，以小篆体刻录了秦始皇二十六年统一度量衡的40字诏书，后又附秦二世元年（公元前209年）补刻的诏书。公元前221年，秦始皇统一天下，采取了一系列措施来巩固统治，包括统一文字、统一货币、统一车轨、统一度量衡等。这些措施的推行，对秦帝国疆域内的商品交换、经济发展、文化交流起了积极的推动作用。

三招统一度量衡

在秦朝统一天下之前，各国使用的度量衡都不一样。秦国的商鞅也曾统一过度量衡，但只限于秦国。各国之间不仅长短、大小、轻重的标准不同，而且单位也不同。专家们对一些出土的战国时期的铜尺进行比较后发现，各国的长度标准存在很大差异。在洛阳出土的战国东周铜尺长23.1厘米，而安徽寿县出土的楚铜尺长22.5厘米，长沙出土的楚铜尺有的长22.7厘米，有的长22.3厘米。这种差异给当时的经济交流和生活带来很大的不便。

为了巩固统一，秦始皇以皇权的威力，采取了各种行之有效的措施，下令废除各国混乱的计量方式，以秦国商鞅变法时期的度量衡制为标准，要求全国统一执行。

秦始皇和后继者用三招来确保统一度量衡的持续性。

第一招：秦始皇在全国范围内颁布了统一度量衡诏书，诏书的大意是：秦始皇二十六年，天下统一，百姓安宁，立下皇帝称号，下诏书给左丞相隗状、右丞相王绾，把不一致的度量衡制度都明确地统一起来。秦二世再度颁布了统一度量衡的诏书，大意是：秦二世元年，下诏书给左丞相李斯、右丞相冯去疾，统一度量衡是秦始皇开创的制度，后世只是继续实行，不敢自称有功德，现在把这个诏书刻在上边，是让大家不要有疑惑。

诏书内容有的直接刻在或铸在量器、衡器上，有的刻在铜板上，再嵌钉在量器、衡器上，很多地方都出土过刻有诏书内容的文物。

第二招：颁布统一的度量衡标准器。秦始皇颁布的度量衡标准器的标准化分为两个步骤：一是制造统一的标准量器与衡器，并在全国各地发行。凡是作为标准器衡量的器上都要刻上秦始皇的诏书，做到家喻户晓。二是度量衡采用标准化的统一进位制，即对斗、升、权衡、丈、尺这些单位执行整齐划一的标准。

第三招：制定了严格的管理和检校制度。秦始皇规定，每年二月对全国度量衡进行定期检定，以保证计量器具的准确和统一。从出土的秦朝法律文书知道，度量衡标准器都要由专门的机构进行校正，这些器物在领用时就要加以校正。

秦朝还以法律保障统一度量衡制度的推行，凡不按照国家规定的标准行事，就要按照法律制裁。比如，对使用不符合标准度量衡器者依据法律进行处罚：衡石不准确，误差在十六两以上，罚该官府啬夫（秦朝的乡官）缴一副铠甲作为处罚，误差不满十

秦始皇、秦二世双诏版
长13.4厘米
宽11.5厘米
重0.15千克

六两而在八两以上，罚缴一副盾牌作为处罚等。

为了做到度量衡的精确，秦朝的度量衡器多采用青铜铸造，因为青铜器的物理性能比较稳定，既不易被腐蚀，又不易变形。从各地出土的度量衡器的实测数据看，当时的度量衡是比较统一、准确的，绝大部分的误差都在法律允许范围之内。

统一标准的好处

秦朝不仅统一了度量衡，还统一了文字、车辆形制、货币等。可以说，在这些统一标准化方面，度量衡的统一是基础。试想，如果长度不统一，怎么制造统一形制的车辆呢？如何铸造相同规格的货币呢？

统一度量衡是中国历史上的一件大事，也在中国，甚至世界史上产生了极大的影响。

秦朝度量衡的统一，有利于保证政府的收入。有了统一的标准量值，收税也就方便多了。度量衡的统一，保证了农业生产的科学化。在秦朝，种植各种农作物每亩需要多少种子，才能保证农作物的产量，都需要计算，如果是良田，种子还可以少一些。如果没有标准量值，就无法保证农民的收成。

秦朝确立的度量衡制度，对后世影响深远，很多度量衡值一直沿用至今。从世界范围来看，秦朝对世界度量衡标准化做出了极大的贡献。西方国家在1400多年后才开始研究度量衡的标准化问题。

14

秦始皇的足迹

琅琊刻石

古代文人重视与自然的互动，偶有感触就会吟诗作赋。他们希望通过自己旅途中创作的诗、文、词、题名书法等，给山水增辉，与天地同寿。有的政治家为了彰显自己的功绩，也会刻字留碑，秦始皇就是其中之一。在琅琊台石刻中，秦始皇极力歌颂了自己统一中国的丰功伟绩，强调了统一法律制度、统一度量衡、统一文字的重要性。这块残碑历经两千多年的风雨，折射出秦始皇统一天下的伟绩。

刻在石头上的功绩

远古时期就有天子出巡的传统，被称为巡狩，也叫省方，是指天子对地方诸侯的巡视。天子希望通过实地考察来了解各地的民风民情，查看各诸侯治理地方的情况，以便上情下达，下情上通。巡狩是天子的职责之一，有助于更好地管理国家，一般每五年巡狩一次，但秦始皇精力充沛，在位的十年间先后五次出巡，西巡陇西、东巡泰山、南巡云梦泽，最后死在了巡行途中。古代交通不便，巡行不是游山玩水，远没有那么逍遥自在。秦始皇为什么花费这么多时间和精力进行出巡呢？

秦始皇每次出巡的目的都不同。东巡是为了彰显大秦国的威仪。秦灭六国后，六国中有一些旧贵族和人民不是很安分，总是蠢蠢欲动，制造麻烦。出巡正好彰显国威，以巩固和维系庞大的帝国。但随着年龄的增大，秦始皇越发感受到死亡的逼近，为了能够永葆青春，成为永垂不朽的皇帝，秦始皇东巡的主要目的是

琅琊刻石

高 132.2 厘米
宽 65.8 厘米至 71.3 厘米
厚 36.2 厘米

寻求长生不老之药。

公元前219年，秦始皇第二次出巡，目的地是他指挥兼并的六国，这也是他平生第一次巡视他征服的东方国土。秦始皇对这次出巡进行了精心的策划、周密的安排，东行各郡县，途经邹峰山、泰山、芝罘（zhī fú）等地，南登琅琊，历史上称这次巡游为扬威，封禅泰山是此次出巡的主要目的。

位于山东省中部的泰山海拔1500多米，突兀峻拔，气势磅礴。在当时人的心目中，泰山是最高的山，古代的帝王都会到泰山举行封禅典礼。帝王们认为，天子只有在泰山举行过封禅典礼，才算得上是真正受命于天。

典礼通常分为两部分：一是在泰山顶上筑坛祭天，称为封；二是在泰山下的小山梁父辟土祭地，称为禅。实现了天下统一的秦始皇自然把泰山封禅当作头等重要的大事来办，以实现天下归心的目的。

完成封禅大典的秦始皇非常得意，于是命人刻石留碑，歌功颂德，这就是著名的泰山刻石，相传由丞相李斯手书，这是秦代重要的历史文献。随着时间的无情冲刷，刻石上的字迹已经逐渐消失。庆幸的是，为了保存这一珍贵的历史文物，历代都有人使用宣纸和墨汁，将碑文、器皿上的文字、图案，清晰地拓印出来，这些"复印"出来的资料被称为拓本。

据说，秦始皇登泰山，中途遇到暴雨，在一棵大树下躲雨，因大树护驾有功而被封为"五大夫"爵位。可惜这棵有爵位的古树后来被雷电劈毁。泰山中天门北的五松亭就是因五大夫松而得名的。完成了泰山封禅后，秦始皇的大队人马又浩浩荡荡去了琅琊台（今青岛市黄岛区内），并在那里留下了著名的琅琊刻石。

一心求永生的帝王

秦始皇外出巡行五次，三次到过琅琊台，可见秦始皇对琅琊台情有独钟，为什么他会如此眷恋这里呢？

琅琊台地处东海之滨，传说东海有蓬莱、方丈、瀛洲三座岛屿。在这三座岛屿上住着很多神仙，神仙们拥有长生不老的神药，这里的各种飞禽走兽都是白色的，宫殿是用黄金白银砌成的。

随着年龄的增长，秦始皇的身体一天不如一天，他希望自己能够长生不老。秦始皇周围有一群方士，他们吹嘘这些虚无缥缈的神山仙人和神药可以让人长生不老，秦始皇曾多次派人去探寻仙山，探访仙人，寻找神药。

有一个叫徐福的人毛遂自荐，希望能为秦始皇寻药。秦始皇十分高兴，让徐福带着金银珠宝，开始渡海寻找不老神药。秦始皇在琅琊台流连忘返，等待着徐福的归来。第一次东渡回来，徐福并没有给秦始皇带回来什么不老神药，而是欺骗秦始皇说，只有派童男、童女、百工技师携带谷物种子去，才能得到不死神药。为了得到不老神药，秦始皇下令搜集各种珍宝，准备好充足的粮食物品，凑齐三千童男童女和一批工匠技师前去求取神药。可是，徐福一去后杳无音讯。秦始皇等了三个月，想等到徐福求得不死神药回来。他又修筑了琅琊台，迁徙了三万百姓到琅琊台定居，并在琅琊台刻石，歌颂自己统一天下的丰功伟绩。

秦朝是一个伟大的王朝，秦朝开创的一系列制度对中国历史产生了深远影响，但秦朝仅仅存在15年，这些刻石见证了秦朝历史、秦始皇的足迹，它们历经岁月长河的冲刷，诉说着历史的辉煌和岁月的无情。

秦始皇的足迹——琅琊刻石

瓦文墓志

大秦帝国工程的建设者

秦王嬴政登基之后开始征调刑徒修建自己的陵墓，在灭亡六国建立秦王朝之后又大兴土木修建阿房宫、秦直道、驰道和灵渠等工程，又将原来六国的长城连接起来修筑为秦长城。为完成这些大工程，政府征调了大量的刑徒和劳工，民怨沸腾，最后爆发了秦末农民起义。这些工程给后世留下了宝贵的历史文化遗产。出土的瓦文墓志记录了这些工程建设者的信息。

神秘的地下王城

嬴政在成为秦王不久后，就开始在骊山北面修建自己的陵墓，一直修到秦二世二年，一共修了39年。整个陵墓的修建过程征用了很多民工，高峰时人数达到72万，他们中的绝大部分人是因犯罪而被罚为劳役的刑徒。

1980年，考古工作者在陕西秦始皇陵封土西侧的赵背户村发掘出32座秦代刑徒的坟墓，陪葬品基本是锄头、镰刀、凿子等劳作工具，还有一些刻有简单文字的瓦片，被称为瓦文墓志。墓志是指放在坟墓中的刻有死者姓名与生平事迹信息的陪葬物。其中一块瓦片上刻有：博昌居赀用里不更余。博昌（今山东）是地名，不更是爵位，余是人名，居赀是因欠债而被政府罚做苦工的意思。瓦文墓志上的这句话连起来就是来自博昌的拥有不更爵位的余因欠债而成为刑徒，被政府罚做苦工。这个叫余的人就是当年修建秦始皇陵的刑徒之一。

瓦文墓志

　　这座修建了39年的始皇陵不仅仅是一个用于安放已逝古代帝王的陵寝，它完全是一座地下城市。首先，映入眼帘的是一道周长绵延约15千米的巨大的夯土城墙，这是数十万刑徒用木板、木槌一层层将细密的黄色土壤不断夯实而建成的。它非常坚固，锋利的箭矢射在上面都会被弹开。它与大秦帝国都城咸阳的城墙建筑标准一致。

　　越过这道外城的城墙，沿着笔直的墓道，在两侧排列着一队队整齐的秦军方阵。当然，它们不是真人，而是成千上万如真人大小的栩栩如生的陶俑。它们被称为兵马俑，是当今世界的第八大奇迹。

　　学者们推测，那些兵马俑的造型来源于当年修建皇陵的民工，他们两人一组，互相按照对方的样子用黏土做成泥人，再烧制成陶俑，在成千上万的兵马俑中很难找到两个长得一模一样的俑。

兵马俑方阵的中央是车兵方阵，方阵有上百辆各自由两匹陶马俑拉着的战车，车上有手持青铜戈、弓箭的兵士陶俑。围绕在兵车周围的是步兵方阵，前面两排是手持强弩、蓄势待发的弩手陶俑。第一排呈跪射姿势，第二排站在后面，随时准备接替射击，就好像当年统一六国的战争中战斗的场景，在短兵相接之前先用大量密集的弩箭杀伤敌人。在弩手陶俑的后面是一列列身披铠甲，手握青铜长戈、青铜长矛的步兵陶俑，他们将在弩手射光箭矢之后保护弩手并与敌人进行搏斗。在这些步兵方阵最外边的两侧是由一个个手牵缰绳的骑兵陶俑和战马陶俑组成的骑兵方阵。

在整个方阵的后面是数辆通体由青铜铸造的马车，每辆车都由四匹青铜马拉着，那是秦始皇巡视全国时乘坐的马车。在巡视的时候秦始皇嬴政往往只乘坐其中一辆，其他的则或前或后随同而行。这样一来，敌人搞不清楚皇帝真正乘坐的是哪一辆马车。在统一六国后，秦始皇到东海巡视时经过博浪沙，原韩国贵族张良打算刺杀秦始皇，于是雇用了一个大力士，拿着大铁锤在山上往下滚砸秦始皇的座车，结果由于分不清秦始皇乘坐的是哪一辆而砸到了空车，秦始皇虽然没受伤，但受到惊吓，于是在全国通缉刺客，这件事后来演变成一个成语叫误中副车。

整个秦军方阵都是面朝东方的，它们除了守卫秦始皇的陵寝外，还虎视眈眈随时准备扑灭东方可能出现的叛乱。穿过兵马俑方阵，沿着墓道不断往下走，另外一条由巨石修砌而成的绵延数里的城墙，就是地宫宫城的城墙。

整个地宫的格局仿照咸阳的皇宫建造，巨大的墓室顶部镶

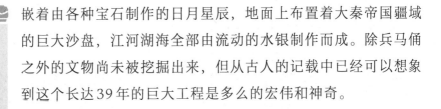

嵌着由各种宝石制作的日月星辰,地面上布置着大秦帝国疆域的巨大沙盘,江河湖海全部由流动的水银制作而成。除兵马俑之外的文物尚未被挖掘出来,但从古人的记载中已经可以想象到这个长达39年的巨大工程是多么的宏伟和神奇。

秦帝国的大工程

除了修建秦始皇的陵墓,秦王朝还将原本秦、燕、赵三国防御北方匈奴的长城连接起来,并进行大规模修筑。据说,秦始皇在一次出巡的途中发现了一块刻有"亡秦者胡也"文字的陨石,古人将北方的游牧民族称之为胡人,秦始皇认为这个预言是说将来灭亡秦王朝的会是北方的匈奴,就让大将蒙恬率领30万大军攻打驱逐匈奴人,并重新连接修筑长城对匈奴进行防御。

修长城也征调了大量民工,他们中很多人因为过度劳累而死在工地上。传说,范喜良刚结婚三天就被官吏抓去修长城而累死,他的尸骨被埋在了长城的城墙下。他的妻子孟姜女历经千辛万苦到工地来寻找丈夫,当知道丈夫已死时,孟姜女在长城下哭了整整七天七夜,最后把那一段长城哭倒了,露出了范喜良的尸骨。孟姜女在安葬完丈夫之后就跳海自杀了。"孟姜女哭长城"的传说告诉后人,当时秦始皇大兴土木、修建各种各样的大工程,确实给老百姓的生活造成了很大的伤害。

秦王朝连续修建阿房宫、直道、驰道等大型工程,再加上法律特别严酷,民众不堪重负。公元前209年,一群农民在陈胜、吴广的带领下在大泽乡举行起义,之后各地老百姓或是自发或是在原来六国的贵族带领下纷纷起义,韩国、赵国、魏国、齐国、楚国等纷纷复国。公元前206年,辉煌的大秦帝国灭亡。

王爷家的传家宝

鎏金银盘

鎏金银盘出土于山东淄博西汉齐王刘襄墓，纹饰精美，其中口沿背面刻有"卅三年"，专家推断这件器物可能是秦朝宫廷用器。这件豪华富丽的银盘是如何从秦朝宫廷流入西汉齐王刘襄的墓中呢？

身世成谜的银盘

1978年，在胶济铁路山东淄博段东风货运站扩建工程中，施工人员无意中发现一座古墓，墓主人是西汉初期第二代齐王刘襄。这座古墓共出土了1.21万余件文物，其中金银器130余件。在这批出土文物中，有三件鎏金银盘，最大的一件银盘现藏于中国国家博物馆，另外两件小一些的银盘现藏于山东淄博博物馆。最大的鎏金银盘重三千多克，通体银质，遍饰浮雕变形蟠螭纹，纹饰表面鎏金，华贵精美。

鎏金是一种工艺方法，是将金和水银合成金汞齐，涂在器物表面，然后加热使水银蒸发，金就牢固地附着在器面上。鎏金主要用来装饰铜铁一类建筑构件和各式器皿。铜盆或银盘是当时帝王们盛食物的器具。

考古学家们认真研究了银盘，确定这是一件秦朝宫廷的物品。秦朝的宫廷物品为什么会出现在汉朝一个诸侯王的墓葬之中呢？

风起云涌的反秦浪潮

秦二世胡亥的统治异常残暴。在他继位的那一年，九百多名从南方到渔阳（今北京）戍边的农民被绵绵秋雨和满地烂泥困住。按照严苛的秦朝法律，误了报到的期限会被斩首。这群被逼到生死线的农民在陈胜和吴广的带领下揭竿而起。陈胜吴广反秦，天下群起响应。赵、齐、燕、魏等地方都有人打着恢复六国的旗号，自立为王。

项羽是前楚国贵族后代，身材魁梧，力气大得能扛起鼎。项羽跟着叔叔项梁响应陈胜、吴广造反。

项梁一路招揽豪杰，队伍不断壮大，在与秦军的战争中，连获大捷。谋士范增告诉项梁，如果不立楚国后人而自立，一定不会长久。项梁听取范增的意见，在民间找到楚怀王之孙熊心，立为楚怀王，项梁自号武信君，号令各路起义大军。

项梁连破秦军，非常骄傲，之后兵败被杀。听到项梁被杀的消息，楚怀王非常害怕，他接收了项羽的部队，归自己统领，封刘邦为砀（dàng）郡长、武安侯，仍旧统领砀郡的军队。

与出身贵族的项羽不同，刘邦出身农民。秦王嬴政挥师统一六国时，刘邦还在家乡当农民，秦帝国成立时，刘邦做了沛县（今属江苏）泗水亭长。秦朝十里设一亭，负责接待往来的交通使者，担当维持地方秩序、逐捕盗贼的责任。在刘邦的乡亲们看来，他就是一个好吃懒做、不求上进的中年大叔。

陈胜、吴广起义后，刘邦带着一帮刑徒、壮士，与县吏萧何、曹参等一起反秦，组织了两三千人，刘邦被推举为这支队伍

鎏金银盘
口径37厘米
高5.5厘米

的首领，号沛公。后来归附项梁，项梁给他补充了五千人马。之后，刘邦的实力不断壮大。

楚怀王与各路起义军相约，先平定关中的人称王。趁着项羽北上救援巨鹿之际，刘邦采纳了部下张良的计谋，躲避敌人的主力，一路西进，同时不断收罗各路起义军，壮大自己的队伍。刘邦挺进关中，直逼秦朝首都咸阳。秦二世三年（公元前207年）九月，丞相赵高逼杀秦二世胡亥，去秦帝号，立宗室子婴为秦王。五天后，子婴诛杀赵高。十月，刘邦率兵入关，见大势已去的子婴，以绳系脖子，坐着素车白马，捧着玉玺，向刘邦投降，秦朝灭亡。

楚汉相争，银盘易手

项羽听说刘邦已攻破咸阳，勃然大怒，派大军进攻函谷关。此时刘邦有10万人马，而项羽拥兵40万。

鸿门宴后，项羽率领大军向西攻克了咸阳城，残暴屠城，并焚毁皇宫，杀死了已经投降的秦王子婴和一批秦国大臣，载着从秦宫搜刮而来的金银财宝和美女东去。在这批金银财宝中，就有鎏金银盘。

秦朝灭亡后，项羽实力最强，自封为西楚霸王，同时分封各路诸侯。项羽担心刘邦有争夺天下的野心，在谋士范增的建议下，封刘邦为汉王，把巴、蜀和汉中分封给他，又故意将秦朝的降将章邯、司马欣、董翳分封到汉中周边，以限制他的发展。

刘邦实力不如项羽，忍气吞声地接受了封号，带兵进入关中，同时烧毁了栈道，表示无意出关，以此麻痹项羽。

齐国贵族田荣不满分封，自立为齐王。刘邦趁机派部下重返关中，击败秦朝降将章邯，司马欣、董翳投降。听说齐国田荣反叛，刘邦杀入关中，项羽大怒。刘邦的谋士张良写信给项羽说，刘邦取得关中就心满意足了，不会再东进。项羽在权衡利弊后，决定先派兵讨伐田荣。刘邦趁机东进，并派人联络各路诸侯，共同讨伐项羽，楚汉战争正式开始。

刘邦率领各路诸侯五六十万人，向项羽的都城彭城进攻。正在齐地作战的项羽得知消息，立即率三万精兵回防，刘邦大败，十余万人被杀，刘邦也差点被俘。在此后的一系列战役中，刘邦逐渐稳定了局势，与项羽形成对峙局面。在此期间，刘邦还使用离间计，使项羽对他的首席谋士范增起了疑心，范增愤怒异常，要求告老还乡，回乡途中病死。

实力受挫、兵疲粮尽的项羽与刘邦订下盟约，以鸿沟（古运河）为界，平分天下。东方归楚，西方归汉。盟约定好后，项羽带着部队东去。刘邦打算引兵西归，部下张良、陈平说："汉已有大半个天下，各路诸侯都拥戴。而项羽休兵，粮食耗尽，这是天要亡楚啊，不如趁势灭楚。如果现在不动手，那就是养虎为患啊！"

刘邦于是集结各路大军，追击项羽，公元前202年十二月，汉军将项羽包围在垓下（今安徽固镇东北）。

夜晚，汉军唱起楚歌，以动摇楚军的军心。项羽连夜带领八百壮士突围，在多次激战后，仅剩26骑。一行人马来到乌江边，乌江亭长准备好小船，对项羽说："江东地方虽然小，还是

有几千里地、几十万人。请大王赶快上船，现在只有这条船，即使汉军追来，也无法渡江。"项羽笑着说："这是老天爷要亡我啊！当初我率领江东弟子八千人渡江出征，如今无一人归还，我有何颜面见江东父老啊！"最后在乌江边自刎。

刘邦夺得天下，建立汉朝，史称西汉，刘邦就是汉高祖。项羽从秦宫中夺取的金银财宝也尽数落入刘邦之手。刘邦定国后，分封诸侯，他的庶长子刘肥被封为齐王，统辖73城，成为西汉最大的诸侯国，刘邦把鎏金银盘等物赐给刘肥。刘肥死后，刘肥的儿子刘襄继承王位，称齐哀王。刘襄对这件银盘珍爱有加，他死后，这个银盘就被当作陪葬品埋入地下，直到两千多年后被意外发现。

请兄弟来帮忙

金缕玉柙

金缕玉柙，又叫金缕玉衣，1973年出土于河北定县八角廊村40号墓。由于此墓曾经在盗掘中被大火烧过，这件玉衣也受到了焚烧，但被烧后颜色更加缤纷夺目。金缕玉柙不是普通的殓服，是以金丝为缕编缀玉片制成的，十分贵重。能够准备一套金缕玉柙的诸侯，可以想象他们的经济实力有多强、生活有多奢华。如果诸侯太富裕，实力太强大的话，皇帝就等于给自己安放了定时炸弹。

刘邦的裂土封侯

楚汉战争后，刘邦作为最后的胜利者，建立了汉王朝。西汉王朝是建立在秦朝的基础上，在原来秦国的地盘上实行郡县制，在原来六国的土地上实行分封诸侯王的制度。这样，郡县制和分封制（又叫封国制）两种制度并存，称为郡国制。刘邦认为这样做能笼络人心，稳定局面。

有些地区，刘邦沿用郡县制，任命官员去管理，这些地方直接归中央管辖。另外一些地区用来分封给那些当年和刘邦出生入死的兄弟们。分封制并不是刘邦首创，早在西周时就盛行了。中国自古以来就有给有功之臣封土地、封侯、封王的传统。为了让这些人为他继续卖命，刘邦不惜把自己的领土拿出来分封，也就是裂土封侯。

刘邦最开始分封了七个诸侯王，比如楚王韩信、梁王彭越、淮南王英布等，但他们不姓刘，所以叫异姓诸侯王。这些封地面积很大，加起来大概相当于西汉疆域的一半。

可刘邦对那七个异姓诸侯王一直不放心，担心他们谋反，抢了他的皇位。尤其是看到那些异姓诸侯王的实力越来越强大时，刘邦的神经又绷紧了。为了自己王朝的利益，刘邦找机会把异姓诸侯王一一铲除。

刘邦决定，分封自己的亲属做诸侯王，让刘家子弟来帮助他治理国家，巩固疆土，维持统治。刘邦分封了九个同姓诸侯王：燕王刘建、代王刘恒、齐王刘肥、赵王刘如意、梁王刘恢、吴王刘濞、楚王刘交、淮南王刘长、淮阳王刘友。

自家人也靠不住

刘邦不仅给诸侯王很大的地盘，而且给予他们极大的权力。除了太傅和相这两个职位由中央任命，其他都由诸侯王自己说了算。诸侯王可以拥有军权，可以招兵买马，可以有自己的军队；拥有财权，可以自己造钱。

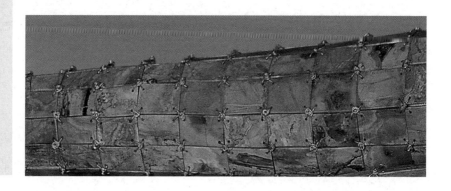

金缕玉柙
长182厘米

　　王国强大了，富有了，诸侯王所用的物品也越来越奢侈豪华。这不仅表现在生前，连死后的陪葬品也越来越奢侈。金缕玉柙正是诸侯王超级富有的见证。玉柙，又叫玉衣，外观是人形，分为头部、上衣、裤筒、手套和鞋五大部分。玉柙是汉代皇帝、贵族、高官死后穿在身上下葬用的殓服，用来防止尸体腐烂。按照等级不同，玉柙有金缕、银缕、铜缕三种。穿着金缕玉柙下葬是汉代最高规格的葬制礼仪，有很多诸侯王在死后穿着的金缕玉柙的贵重程度让人吃惊。

　　一件玉柙的价值非常高，高在哪里呢？两千年前的汉代，手工制作成百上千枚厚薄均匀、大小一致的轻薄玉片，需要耗费巨大的人力和物力。接着，还要在这些玉片上钻孔，穿上金丝、银丝，编织成一整套从头到脚可以包裹全身的衣服，制作一件玉柙

的时间和成本是难以想象的。据计算，制作一整套金缕玉柙至少需要数十位顶级工人十多年的时间。

诸侯国的实力越来越强，甚至比中央还要强大。诸侯王开始不听中央指挥。汉景帝三年（公元前154年），爆发了七国之乱，吴王刘濞联合楚王刘戊、赵王刘遂、济南王刘辟光、菑川王刘贤、胶西王刘卬、胶东王刘雄渠等刘姓诸侯王造反，这是西汉统治者建国以来遇到的最大的一次危机。最后，虽然造反派被镇压下去了，但皇帝从中吸取教训，不能让地方的权力过大。汉武帝为了解决分封制留下来的隐患而颁布了推恩令。

18

在地下造反的将军

杨家湾彩绘兵马俑

汉景帝时诸侯王势力膨胀，导致七国之乱。汉景帝任用周亚夫成功地平定了这场叛乱，周亚夫虽然也因此得以由太尉升任丞相，但终究避免不了功高震主、死于狱中的命运。

意外地加官晋爵

汉文帝后元六年（公元前158年），匈奴大规模侵入汉朝边境，朝廷委派河内郡太守周亚夫为将军，驻军咸阳西南的细柳。汉文帝到军营去慰劳。皇帝的马车在即将进入军营的时候，却遭到了守门军官的阻拦，并被告知在军中只听将军的命令，不听皇帝的命令。汉文帝感到很诧异，派使者拿着皇帝的信物通知周亚夫，周亚夫才下令打开营门迎接皇帝。

进入军营后，皇帝发现细柳营的士兵都穿着整齐的铠甲，手持武器，精神抖擞地站岗和训练，和其他军营的松懈形成了鲜明的对比。周亚夫穿着军装在军营里迎接皇帝，他对皇帝说："军中的将士们都身着军装和铠甲，不方便跪拜皇帝，请陛下允许我们行军礼拜见您！"

汉文帝称赞周亚夫会带兵，并提拔周亚夫当了中尉，掌管首都的军队与治安。汉文帝对当时还是太子的汉景帝刘启说，周亚夫是可以信任的将军。刘启继位后就任命周亚夫为车骑将军。

功高震主死狱中

公元前154年，吴王刘濞联合其他六王发动七国之乱。汉景帝任命周亚夫为太尉，全权处理平定叛乱的事务。周亚夫听取赵涉的建议，带着部队从蓝田经武关到达洛阳，这让诸侯王们觉得周亚夫的军队好像从天上掉下来的一样（成语从天而降因此而来）。周亚夫只用三个月就平定了七国之乱。

叛乱平定后，汉景帝取消了诸侯王们任免官员和收税的权力，由中央政府派遣官员代替他们管理国家，而且规定他们不能过问自己封地的事务，只能按政府规定领取相应数量的封地租税来作为生活费。诸侯王们的权力被大大地削弱了，很难再威胁到朝廷。周亚夫平定七国之乱后又当了两年太尉，之后由于当时的丞相陶青因病辞职，他被汉景帝任命为丞相。

周亚夫不愿讨好皇帝，汉景帝和窦太后对周亚夫逐渐不满。于是，汉景帝借口周亚夫请病假而免去他丞相的职位。

周亚夫的身体越来越差，他的儿子偷偷地买了五百副盔甲准备给周亚夫陪葬用，因不能按期付款而被人告发了。汉代法律规定私人不许买卖盔甲，周亚夫因此入狱并身亡。

1965年，考古学者在陕西咸阳的杨家湾发掘出一批兵马俑，它是为汉高祖刘邦长陵四号、五号陪葬墓陪葬的。四号、五号陪葬墓的所在地，汉代称为周氏陵，是周氏家族的墓地，因此，学者们推断这两座汉墓的主人应该是西汉大将军周勃和周亚夫父子，这些兵马俑可能是周亚夫的陪葬品。

杨家湾彩绘兵马俑
步兵高约48厘米到50厘米
骑兵俑高约54厘米到68厘米

19

用公主换和平

单于天降瓦当

瓦当是古代建筑檐头筒瓦前端的遮挡，最初是半圆形的，后来变成圆形，历朝历代的瓦当在式样、纹饰上各有特色。1955年，单于天降瓦当出土于内蒙古自治区包头市召湾汉墓，圆形瓦当正面被十字格线分成四个区，每个区间有一个阳文篆字，即单于天降。召湾是匈奴呼韩邪单于南下觐见汉宣帝的必经之地，带有单于天降瓦当的建筑就是在此时兴建的。单于天降瓦当、单于和亲瓦当等汉代瓦当的出土，是汉朝与匈奴民族关系的见证。

无法安定的边境

匈奴是秦汉时期称雄中原以北的强大游牧民族，他们生活在蒙古广袤的大漠和草原上，居无定所，不断搬家，逐水而居，寻找水草丰盛的地方放牧。匈奴人天生擅长骑马，匈奴骑兵善于长途奔袭，战斗力非常强。秦汉时期的中原王朝以步兵为主，战车和骑兵相对较少。匈奴骑兵来去如风，经常骚扰边地，抢掠物资和人口，这让秦汉的统治者们伤透了脑筋。

秦始皇统一天下后，派名将蒙恬率30万大军北击匈奴，收复了被匈奴占领的土地肥沃的黄河河套地区，秦始皇还在那里设置了九原郡进行管辖。为了防止匈奴骑兵南下骚扰，秦始皇征调了无数民工，把以前各国修筑的长城连接起来，形成了一条绵延几千里的防御工事——万里长城。

单于天降瓦当
面径17.1厘米

公元前200年，汉高祖亲率33万大军北击匈奴。当时正是冬天，大雪纷飞，天寒地冻。刘邦不顾部下劝阻，轻敌冒进，中了匈奴的埋伏。刘邦和他的先头部队，在白登被冒顿单于包围七天七夜，史称白登之围。

刘邦撤出平城返回朝廷，匈奴凭借强大的军事实力，屡次侵扰北部边境。刘敬提出把公主嫁给冒顿单于，用丰厚的财礼安抚匈奴。刘邦同意并决定把公主送去匈奴，吕后舍不得亲生女儿远嫁异国他乡，便找了个宫女，以大公主的名义嫁给冒顿单于为妻。同时，派遣刘敬前去与匈奴订立议和联姻盟约。这种外交政策被称为和亲。从汉高祖到汉武帝的六七十年时间里，汉朝共与匈奴有七次和亲，有三次派遣了真公主。

可惜，送公主和亲的政策并不能使单于满足，每次和亲都只能维持几年的和平，之后单于还是一如既往地派兵洗劫，每一次都杀害很多百姓，抢夺很多财物。西汉朝廷也无数次讨论对策，终因国力衰弱，只能忍辱负重，等待时机。

追得匈奴到处跑

汉朝努力发展生产，增强国力，训练骑兵。经过六七十年的恢复和发展，到汉朝第四代皇帝汉武帝刘彻继位时，汉朝国力强盛，反击匈奴的时机成熟了。

在汉武帝反击匈奴的战争中，涌现了许多传奇人物和故事，如飞将军李广、年轻的霍去病和他的舅舅大将军卫青。

霍去病17岁时第一次跟随舅舅大将军卫青领军出战，卫青任命他为剽姚校尉，带领一支八百人的骑兵。霍去病率领这支骑兵在茫茫大漠里奔驰几百里，奇袭匈奴。这次战斗霍去病共斩首2028级，杀死了匈奴单于的祖父，俘虏了单于的叔叔等人，霍去病首次亮相战场就惊呆了所有人。

霍去病22岁时，汉武帝命卫青、霍去病各率五万骑兵分别出定襄（今属山西）和代郡（今河北蔚县东北），深入漠北，寻找机会歼灭匈奴主力。霍去病率军向北追击了两千多里，与匈奴左贤王部交战，歼敌七万余人，乘胜追杀至狼居

我的名字：单于天降瓦当。

我的特征：上有"单于天降"四字。

我在哪里：中国国家博物馆。

我能告诉你：游牧民族匈奴是秦汉时期北方的一个强敌，经常南下侵扰内地，掠夺财物和人口。西汉前期无力对匈奴进行大规模的军事反击，到汉武帝时期，随着国力强盛，汉武帝启用卫青、霍去病等将领全面反击匈奴。单于天降瓦当见证了汉军击退匈奴侵扰的历史事件。

胥山，在狼居胥山举行了祭天仪式，在姑衍山举行了祭地仪式，这就是著名的封狼居胥。自此，匈奴一部分归顺汉朝，另一部分逃至更远的地方。

汉武帝派霍去病进军河西，霍去病一路追击匈奴，把匈奴残部赶到玉门关外，汉武帝赐酒一坛，犒劳有功将士，酒少人多，霍去病便将酒倒在泉水中，与众将士共饮。据说，这就是酒泉这座城市得名的缘由。

霍去病少年英雄，用兵灵活，勇猛果断，每次打仗都能凯旋，深得汉武帝喜爱。汉武帝曾经给他修了一座豪华的宅子，但他拒绝了，他说："匈奴未灭，何以为家？"不幸的是，霍去病英年早逝，汉武帝非常悲伤。他调来铁甲军，列成阵，沿长安一直排列到茂陵东的霍去病墓，他还下令把霍去病的墓修成祁连山的样子，以追思他的奇功。在霍去病的墓前，安放着"马踏匈奴"等多件石雕。

在十几年时间里，汉朝军队深入漠北，与匈奴进行了十几次大规模的战争，匈奴实力大减。匈奴适合放牧的大片土地被汉朝占领，内部也发生了分裂，互相为敌，为讨好汉朝，纷纷把王子送到汉朝都城长安当人质，汉匈和平的局面维持了好几十年。

幽默的力量

击鼓说唱陶俑

击鼓说唱陶俑是一件陪葬品，被称为汉代第一俑。陪葬品器形丰富，宅邸车马、器具随从，无所不有，是墓主生前现实生活的反映。击鼓说唱陶俑反映的是一群比较特别的人，从春秋战国时期开始，他们往往跟随在主人左右，或击鼓，或歌唱，或讲笑话，为主人和宾客带来快乐，这些人被称作俳（pái）优。古书中有大量对俳优的记载，说明古代贵族之家蓄养俳优风气的盛行。

幽默大智慧

战国时期，齐国有个叫淳于髡（kūn）的人，他身材非常矮小，出身卑微，家境贫寒，只能入赘到别家为婿。但由于淳于髡为人幽默，便被招到了宫中。当时齐威王耽于玩乐，日夜沉迷于笙歌燕舞之中，大臣们去劝谏便受到极重的责罚，于是大家只能沉默不言，看着国政一天天败坏下去。

淳于髡见到齐威王，出于愉悦君王的职责，出了一个有趣的谜语：齐国有一只大鸟，栖在王宫的庭院里已经三年了，但是它既不飞，又不鸣叫，大王您可知道这是为什么吗？齐威王一听，就知道淳于髡是在讽刺自己像那只大鸟一样，身为君主，掌握国家朝政，却毫无作为，只知道享乐，顿时恍然大悟，齐威王对淳于髡说：这只大鸟，它不飞则已，一飞就会冲到天上去；它不鸣则已，一鸣就会惊人，你慢慢等着瞧吧！从此，齐威王开始勤于政务，励精图治，齐国面貌焕然一新，这

击鼓说唱陶俑
高 56 厘米

就是成语一鸣惊人的来源。

在楚国，有一位叫优孟的俳优，也时常用幽默的方式进行劝谏。楚庄王特别喜欢一匹马，给它穿上漂亮的衣服，养在富丽堂皇的宫殿里，用蜜枣干去喂养它。后来，这匹马由于缺乏运动和营养过剩，很快得肥胖病死了。楚庄王非常伤心，于是派群臣给马办丧事，他准备按照卿大夫的礼仪规格来葬马。

这引起了官员们极大的非议，大臣们认为怎么能如此荒唐地败坏国家的礼仪制度呢？这不是让别国看笑话吗？于是纷纷劝谏楚庄王，但是楚庄王爱马心切，于是下令说，有谁再敢以葬马的事来劝谏的，都处以死刑。优孟听到此事后，走进宫殿，见到楚庄王便仰天大哭。楚庄王吃惊地问他为什么哭得这样伤心。优孟说：这匹马是大王的最爱，而楚国又是如此强大的国家，有什么事情办不到，您的爱马却只用卿大夫的礼仪，太亏待它了，希望能换用君主的礼仪来埋葬它。楚庄王问：那怎么办？优孟回答说：我请求用雕刻花纹的美玉做棺材，用枫树、樟树这样的名贵木材做护棺的木块，派士兵给它挖掘墓穴，让齐国和赵国的使臣到前面去陪祭，让韩国和魏国的使臣在后面护卫，要给马建立祠庙，用猪、牛、羊祭祀，封马为万户大邑来供奉。诸侯听到这件事，就都知道大王轻视人而看重马了。

楚庄王听完，顿时便意识到自己的荒谬，便问道：我的过错竟到这种地步吗？那么现在该怎么挽回呢？优孟说：请大王准许，让马死得其所，按埋葬牲口的办法来葬埋它，在地上堆个土灶，用大铜锅当棺材，用香料去解腥，用稻米作祭品，用火作衣服，把它安葬在人的肠胃中。这真是天才般的劝谏。后来，楚庄王听从了优孟的建议，派人把马交给了宫中的厨房。

智者东方朔

国宝小档案

我的名字: 击鼓说唱陶俑。

我的特征: 在四川成都附近发掘的东汉陶俑，将两千多年前的俳优表演再次呈现在世人面前。其中的精品"击鼓说唱陶俑"最吸引人。这个手脚短小的说唱者坐在一个石墩上，上身近于赤裸，右脚翘起，左手抱着一个圆鼓，右手高举着一个木棒。他眯着双眼，陶醉于表演中，半张着嘴巴，表情欢快，很容易将观者带入到故事中去。

我在哪里: 中国国家博物馆。

我能告诉你: 如此细腻传神的刻画，如此精细的制作，可以看出东汉时期高超的制陶工艺水平，能直接印证古代俳优文化的盛行。

汉武帝时期，还有一位以滑稽知名的智者，他叫东方朔。汉武帝的乳母犯了罪，汉武帝准备按照法令治罪。乳母知道东方朔非常聪明，又常在汉武帝身边，于是便向他求救。东方朔说，皇上为人固执任性，别人求情，反而死得更快。你先接受刑罚，只是临刑时，千万不要说话，并且连连回头望着皇帝，我会想办法救你。

行刑前，汉武帝见了乳母最后一面，东方朔陪侍在身边，乳母临刑时频频回头望汉武帝。东方朔大声说道，你还不赶快离开，为什么还要回头看，皇上现在已经长大了，难道还需要你喂奶吗？东方朔看起来似乎在支持刑罚，却在无形中勾起了汉武帝曾经得到的哺育之情，如果不改刑罚，容易落得知恩不报的恶名。汉武帝虽然固执，但是听了这些旁敲侧击的话，便下令免了乳母的罪过。

历史上还有很多这样的智者，他们或许其貌不扬，或许身份低微，但是凭借着自己的过人才智，用幽默诙谐的方式成功地化解了一个又一个难题，这便是智慧的力量、幽默的力量。这个击鼓微笑的陶俑让我们相信，只要努力思考，总会找到更具智慧的解决之道。

圆梦之路

马踏飞燕

马踏飞燕是汉代的一件青铜器陪葬品，出土于丝绸之路的重镇甘肃武威。武威是古代通往西域的必经之路。中国古代的北方少数民族政权对中原王朝构成长期威胁。汉武帝改变了和亲的策略，派卫青、霍去病等大将直击匈奴。战争越频繁，战马也就越重要。国宝马踏飞燕是这段历史的记录者。

由汗血宝马引发的战争

张骞第一次出使西域回都城时，带着西域乌孙国的信使上供了几匹好马，汉武帝喜出望外，特将马命名为西极天马。

后来，汉武帝听说西域大宛国还有比西极天马更好的马，奔逐如飞，如电光火花，因出汗时色红如血，被称为汗血宝马。于是，汉武帝派使臣前去讨要，哪知道大宛国不仅不给，还杀掉了大汉的使臣，汉武帝勃然大怒。

为此，汉武帝连续发动了两次大规模的远征，最终攻破大宛，得到了汗血宝马。天马之战遂了皇帝爱马之愿，将军李广利被汉武帝封为海西侯，食邑八千户。

汉武帝抑制不住自己对宝马的喜爱之情，他亲自作诗《西极天马歌》：天马徕兮从西极，经万里兮归有德。后来，他还坚持把《西极天马歌》放到《郊祀歌》曲目中，与祭祀天地、太阳等神灵的颂歌一样，成为国家主祭歌曲。在汉武帝心中，这些天马

马踏飞燕
高 34.5 厘米
长 45 厘米
宽 13.1 厘米
重 7.3 千克

是神龙的化身，是上天赐给他的威力无比的神兽。

　　汉武帝对好马的渴求，并不只是贪图玩乐。汉代征战匈奴和西域诸国的故事和文献流传甚广。正是因为要与西域作战，所以马匹也成了最重要的军资。所以，汉代皇帝对马情有独钟，是国家发展的需求。上有所好，下必甚之，从上到下，汉朝养马、骑马之人众多，对马的感情相当深厚。那么汉朝人是怎样表达对马的喜爱之情呢？

追云逐月的神马

考古学家发现，汉代墓室里有较多的有关马的砖刻。有的墓主人为了显示爱马的与众不同，发挥了一定的想象力。一些马儿身上出现了翅膀，一根简单的线条、一只翅膀和一朵流云，足以表现马日行千里的神速和追云逐月的力量。

甘肃武威出土的青铜奔马，是用铜水塑造的健美的骏马形象。这匹马的制作者进行了极为大胆的想象和巧妙的构思，铜马的右后蹄居然踏上了一只凌空飞翔的燕子。

这样一来，以飞燕衬托马的神勇，不加翅膀也让这铜马飞上了天空。郭沫若先生看完后到处推荐，也传神地将其命名为马踏飞燕。

学者考证，马踏飞燕的制作者是张江。他是东汉明帝时期的武威太守，因战功封南阳析侯，拜破羌将军。他不但封侯拜将，还擅长铸造铜马，有"金马张"的雅号。

张江被封为太守后，为报汉明帝知遇之恩，开始铸造铜马作为贡品，他给汉明帝送上一套，也给自己留下一套，死后埋在自己的坟墓里，后经考古发掘才得以重见天日，这件马踏飞燕展现了老祖宗两千年前的高超工艺。

武威所在的河西走廊的地理位置至关重要。这条长达千里的狭长平原地带，水草丰美，生气十足，是古代通往西域的必经之路，而两旁则是险恶的崇山峻岭，戈壁流沙，是荒凉的无人区。

正是从河西走廊开始，一直延绵向西，经过新疆广袤的大沙漠，穿过中亚连绵不断的大草原，一直抵达欧亚大陆的最西边，

这条路就成了中国贸易往来的重要通道。德国历史学家惊叹于它的成就，称之为丝绸之路。

丝绸之路让文明共享

免除了战乱的困扰，通过丝绸之路，亿万计的千里良驹不分昼夜地在这条路上驰骋。对古人而言，这条路实在是太艰辛、太漫长了，必须越过高山，躲过流沙，忍受骄阳炙烤，饱尝风寒交加，因此，他们只选择运送最珍贵、最特别、最有价值的物品，所以，只有东西文明中的精华，才能在这里出现和互通。

金银器皿、良药医方、茶叶雄黄、彩绘木雕等数不尽的中华珍宝，源源不断地通过丝绸之路运往西域、中亚、欧洲。无数的胡人恨不得让马儿长出翅膀，早日飞向意大利人马可·波罗描述的遍地黄金之国。借着丝绸之路，远方的人们也圆着中国人的美梦，玛瑙、水晶、珍珠、玻璃、珊瑚……耀眼的奇珍异宝让国人大开眼界；葡萄、菠菜、苜蓿、棉花、胡萝卜……全新的农作物品种丰富了国人的日常生活。

正是在西汉张骞通西域后不久，佛教循着丝绸之路传入中国。传说，第一位来中国的印度高僧摄摩腾，骑着白马，从丝绸之路上走过。达摩、玄奘等中外高僧也在这条路上奔波。敦煌石窟藏有大量的佛教手抄经卷、佛教塑像和壁画，因此，这里也成了研究中国古代佛教的圣地。

国宝小档案

我的名字：马踏飞燕。

我的特征：青铜质地，马昂首嘶鸣，躯干壮实而四肢修长，腿蹄轻捷，二足腾空、飞驰向前，一足踏飞燕。

我在哪里：甘肃省博物馆。

我能告诉你：这是中国的旅游标志。1969 年 10 月出土于甘肃武威，是我国古代青铜艺术中无与伦比的珍品，俗称国宝。

22

金匮直万铜钱

疯狂的货币改革

王莽当政时期，以改革震惊世人。其中，货币改革是尤为重要的一项，金匮直万铜钱是王莽推行货币改革时诞生的一种铸币。目前，全世界只发现两枚。

王莽是汉皇族的外戚，是当时皇太后王政君的侄子。他在皇太后的帮助和自己的运营下，一步步掌握皇家大权，成为代理皇帝。公元9年，王莽称帝并建立新朝。王莽的梦想是建立一个理想国，进而推行了一系列翻天覆地的改革。

但是，善于构建梦想的王莽并不善于解决改革中遇到的实际困难，不仅理想没有迈过现实中的坎坷，而且最终被攻入皇城的绿林起义军所杀。

王莽推行的是一系列庞大的改革，但最有影响力的是货币改革。他一生推行了四次大的货币改革，在中国的货币发展史上留下了较大的影响力。

第一次货币改革。公元7年，王莽在摄政期间下令增发大泉五十、契刀五百、一刀平五千等货币，与已经流通上百年的五铢钱同时使用。国宝金匮直万铜钱就是在第一次货币改革期间被铸造的。有学者提出，金匮直万铜钱大概可以换一万枚普通的铜钱或一斤黄金。

王莽推行货币改革的本意是减少五铢钱的制造成本。然而，民间很快发现了铸造大面值货币的巨额利润，因此，冒

金匮直万铜钱

通长6.2厘米

圆部直径3.1厘米

险私制大面值货币的人越来越多, 市场被严重扰乱, 货币改革失败。

第二次货币改革。公元9年, 王莽建立新朝后废除了两种大面值的刀币, 铸造了价值一文的小钱。民间又开始将小钱私铸为大钱, 迅速导致小额交易无法进行, 国家经济基础被进一步扰乱。

第三次货币改革。王莽吸取了前两次大面值货币和小面值货币改革失败的教训, 在第三次改革中推出金、银、铜、龟、布、贝六种货币, 它们规格不同, 价值也不一样, 当时一共有28种不同面值的货币。这样的货币制度必然导致人们在进行交易时, 不得不面对复杂的数学换算问题。王莽的第三次货币改革给人们的日常生活带来很大困难, 彻底打击了社会商业活动。

第四次货币改革。公元14年, 王莽废除其他货币, 推行形似五铢钱的货泉和制重25铢的货布两种货币。1枚货布兑换25枚货泉。

王莽在短时间内推行了四次大的货币改革, 每一次改革都是对朝廷信用体系的考验, 然而, 不幸的是, 每一次考验都是信用的坍塌。货币改革扰乱了人民交易活动的正常进行, 激化了国内矛盾, 威胁到朝廷政权的稳定。

23

当美食遇到美器

云纹漆案及杯盘

云纹漆案及杯盘是1972年在长沙马王堆汉墓出土的，它的主人是西汉长沙国第一夫人辛追。出土时案上完整地放着五件小漆盘，盘里装着的是已经炭化或腐烂后的牛排等食物，还有一套竹串。盘子上还放了两件饮酒的漆卮和一件漆耳杯，耳杯上放有一双筷子。漆案及杯盘是一整套餐具，是人们日常生活中必不可少的用品，从材料、质量、造型到制作工艺，都很豪华。这套餐具反映了两千多年前贵族宴饮进餐时分餐制的情景。出土的各类食物能证明汉代饮食丰富，菜肴种类繁多。

豪华餐具隆重登场

长沙马王堆汉墓出土的云纹漆案及杯盘就是吃饭用的餐具。云纹漆案是一张长方形的案，案上放着五个小漆盘，一件耳杯，两件漆卮。案是什么呢？与"举案齐眉"中的"案"一样，是一种家具，是为了适应当时人们席地而坐的生活习惯而设计的。案类似于今天的托盘，可以放物品，也可以用来上菜。汉代的案分为平底无脚和有脚两种。这个云纹漆案是有脚的，脚高两厘米。

案上放的五个小漆盘是用来装饭菜的。两件漆卮相当于杯子，用来装酒水饮料，当然也可以装汤。耳杯是一个带耳的杯子，用途和漆卮差不多，用来喝酒或喝汤羹。

云纹漆案及杯盘
通高5厘米
长78厘米
宽48厘米

让人食欲大增的艺术品

这套云纹漆案及杯盘是红色与黑色的组合，黑得闪闪发亮，红得耀眼夺目，似乎透着一层亮光。红色的热情艳丽，配上黑色的稳重深沉，相互中和，融为一体，在明快中透露着浑厚，很有质感。

红色和黑色是汉代漆器的色彩基调。汉代人特别喜爱红色，在发现的出土文物中红色被大量使用。红色是典型的暖色，一直受到中国人的喜爱。在很多场合，特别是喜庆的日子，结婚、庆典等一定会用到红色，这个习惯一直沿用到今天。中国人自古崇尚黑色。这两种颜色放在一起，红色显得更加娇艳，黑色显得更加纯正。这不得不让人佩服汉代人们在色彩运用上的大胆巧妙和审美艺术的高超典雅。

器具上的纹饰是云纹，增添了无限美感。汉代是我国云纹使用面最广，也是云纹形态最为丰富、最为生动的时期之一，有云

气纹、卷云纹、云兽纹等云纹形式。云纹是我国的吉祥图案，象征着高升和如意。

这套云纹漆案及杯盘是漆器的一种。漆是从漆树上割下来的半透明的天然汁液涂料，漆器是用漆涂在器物的表面上制成的日用品、工艺品、美术品。涂上漆的器物好看又耐用。

制作漆案的工序十分复杂。先做出木胎，然后修正、打磨，经过十几道工序才能做好一个盘面。接着做盘底，还要装上盘脚，设计纹饰，上油漆等。制作精良的漆器造价昂贵，据说一个漆器屏风就得动用上万人的劳动，只有富裕人家和皇室宫廷才用得起。

汉代丰富的饮食

如此精美绝伦的餐具，里面装的是什么食物呢？西汉初年，由于之前经历了多年的战争，经济衰退，人们的食物比较简单，连皇帝都过着比较俭朴的生活。文景之治后，社会经济慢慢得到了恢复和发展，食物种类也丰富起来，饮食文化多样化。

国宝小档案

我的名字：云纹漆案及杯盘。

我的特征：在髹（xiū）红、黑漆上绘出由红、灰绿色组成的流畅的云纹，案底有红漆书"轪（dài）侯家"三字，表示这件器物的所有者。

我在哪里：湖南省博物馆。

我能告诉你：漆案及杯盘是一种漆器，是中国古代在化学工艺及工艺美术方面的重要发明。从漆案及杯盘中可了解当时的饮食文化和礼仪习俗。

汉代食物的种类非常多，单从长沙马王堆汉墓中找到的随葬食品就有150多种。当时，主食以五谷杂粮为主，南北方的饮食有一定的差异。我们今天的饮食习惯，其实在汉代时已经基本稳定下来。汉代的饼食很有特色，点心种类繁多，虽然看起来比较粗糙，但表明我国食品加工技术向前迈进了一大步。

汉代的配菜种类很多，有肉、瓜果、蔬菜、酒类饮料等，和我们今天的差不多，讲究营养搭配，花样多变。人们还会腌制食品，用一种树皮煮水后腌制梅子。

汉代人们喝的饮料主要是酒，汉代的酿酒技术已经发展到十分成熟的水平。有白酒、米酒、温酒，还有甜汤，不同的酒给人们不同的味觉享受。

食物的多元化必然会促进饮食行业的发展。在西汉都城长安繁华的街上，饮食业十分发达。除了长安城，当时一些经济发达的地区如邯郸、洛阳、大梁、成都、彭城也有同样繁华的饮食市场，酒馆、餐馆林立，好不热闹。

24

绿釉陶楼

上台的都是实力派

绿釉陶楼在1976年出土于安徽涡阳大王店，是随葬器物。绿釉陶楼的出现反映了汉代贵族的歌娱生活及建筑技术。汉代表演艺术的主体是百戏，包括歌舞、竞技、角力、杂耍、俳优等，表演场所主要在厅堂、殿庭和广场，汉代戏剧艺术相当发达。陶楼的出现是因观赏者的生活需求而建造的，表现了室内厅堂的演出。绿釉陶楼属于楼阁式建筑，体现了汉代建筑的风格和特点。

一开场就引人注目

汉代的表演艺术统称为百戏，在我国音乐文化艺术史上达到了非常高的水平。为什么叫百戏呢？百戏的"百"比喻数量很多，可见百戏实际上包含了多种不同的艺术表演形式。

百戏是西汉盛行的一种集乐舞、杂技、魔术、戏剧、小品为一体的大型表演样式，与综艺节目类似。上台的演员都是实力派，演技高超，演什么像什么，惟妙惟肖，一出场就引人注目。

表演开始了，只见舞台上出现一位头发梳成高髻、身穿长袖长衣、脚穿黑色鞋子的年轻女舞者。她随着音乐翩翩起舞，动作轻灵奔放，步态优美自在，刚柔并济，不拘一格，让人拍手叫绝，也想随着她一起舞动起来。

一曲独舞就让人欣赏了汉代舞蹈艺术的高超，紧接着两个舞者一起上台，她们的发型和衣着打扮与第一个独舞的舞者有很大的差别。她们梳着锥形高髻，右臂高举到眉毛的位置，长长的袖子垂到地上，接着左臂慢慢放下来，长长的袖子马上甩到后面。接下来她们旋转、蹦跳、蹬踏，每一个动作都让人目不转睛，屏息凝神地静观。那优美轻盈的舞姿、娴熟协调的动作、飘逸如仙的服饰，无不让人惊叹。

在那个没有特技和复杂道具的时代，要给观众带来声色视觉的盛宴，没有过硬的功夫是做不到的。乐舞是动态的表演艺术，除了靠耳朵听，最重要的是靠眼睛看，特别注重视觉上的感受。怎样做到好看呢？汉代人们不仅重视舞姿的创新，还充分发挥他们的聪明才智，把表演者的服装设计得美轮美奂。

表演袖舞时有专门的袖舞服装。袖舞又有长袖舞、陀螺袖舞和蝶袖舞，因此表演服又细分为长袖、陀螺袖、蝶袖。袖舞的表演动作主要有拂袖、垂袖、撩袖、思袖等，表演形式有独舞和对舞。

乐与舞是相辅相成的。汉代的乐器种类齐全，用于演奏的乐器主要有琴、瑟等弦乐器，有箫、笛、竽、埙等管乐器，有磬、钟、鼓等打击乐器。各种乐器可以随意组合，这样演奏的音乐规模更大，效果不同凡响。

汉代的音乐表演者已经能够根据音乐表演方式和身份职能的不同，将音乐分为奏乐、歌唱、指挥、击掌和聆听这五种主要类型，分工十分细致和专业。特别值得一提的是，他们有专人担任指挥，这在当时是一大进步。

音乐表演者的穿戴十分讲究，从头到脚的行头样样齐备。头戴的帽子叫冠，有平顶帽、尖顶帽、圆顶帽或前低后高的高低帽等。头发有的梳起一个高髻，有的挽成盘髻或双髻等。演出前，表演者都化好妆，有专门的化妆师，一般在脸上涂厚厚的白粉，

绿釉陶楼

高99厘米

再用墨描黑头发和眉毛，把嘴唇涂红。他们会根据场合和表演曲目的不同穿戴相应的服饰。

盘鼓舞和百戏

盘鼓舞的舞具是鼓和盘。跳舞的人在鼓和盘的上方或侧方，边舞蹈边歌唱，边击鼓边踏盘，在音乐声中腾空跳跃，舞袖飞扬。在现场听到的有浑厚的鼓声，有清灵的盘子声，有悦耳的歌声；看到的有曼妙的舞姿，动作矫健、灵动。欣赏盘鼓舞，需要动用各种感官去体会和感受，很多人慕名来观看，经久不衰。

随着张骞出使西域，以及丝绸之路的开通，西域的外来文化传入中原地区，百戏的内容更加丰富，不仅具有本土特色，还有异域风采。来自印度的音乐舞蹈、乐器、杂技等，传入中原后，不断与中原艺术文化交融，逐渐形成包罗万象的百戏艺术。歌舞百戏与杂技舞蹈的同场演出，同场竞技，相得益彰。

汉代载入史册的最著名的一次百戏表演是元封三年（公元前108年）春天。

当时的盛况是"作角抵戏，三百里内皆观"，也就是说，京师附近三百里的百姓都来观看。在古代交通不发达的情况下，可见多么吸引人！表演的时候，成百上千的舞者一齐跳舞，钟鼓之声在耳边不断回响，倡优、舞女纷纷表演，还有猎狗和骏马在舞台上穿梭飞奔，场面盛大，热闹非凡。汉代的"角抵戏"表演不仅有曼妙的歌舞场景，更有惊人心魄的杂技幻术，包括斗兽驯兽、傀儡象戏、俳优谐戏、角抵戏等各种节目。

25

穿一双袜子不容易

延年益寿大宜子孙锦袜

延年益寿大宜子孙锦袜于1959年在新疆民丰县尼雅出土。锦的生产工艺要求高，织造难度大，是古代最贵重的织物。延年益寿大宜子孙锦是东汉经锦中织法最复杂的一种，这双锦袜有助于我们了解汉代袜子的发展状况以及纺织业的发展水平。尼雅河沿岸是汉晋时期西域36国之一的精绝国的所在地，锦袜反映了精绝国的繁荣程度。

汉朝的袜子

袜子已有几千年的历史，早期的袜子根本不像袜子，看起来就像一个布袋。夏商周时期，袜子是三角形的，只能像鞋套一样套在脚上，然后再用绳子系在脚踝关节上，这种袜子形制一直延续到汉代。

古时候，人们喜欢席地而坐，这样在室内不仅要脱鞋子，而且要脱袜子，特别是下级见到上级，晚辈见到长辈的时候，就必须脱袜子。早期的袜子不是一般人可以穿着的，袜子多为贵族阶层所穿，代表着身份和地位。当普通百姓也可以穿袜子时，袜子就成为生活必需品了。

锦上添花不简单

秦汉时期是袜子发展的重要时期，当时的袜子是用熟皮和布帛做成的，富贵之家才可以穿丝织品织造的袜子。到了汉代，

延年益寿大宜子孙锦袜
长43.5厘米
宽17.3厘米

随着提花机的使用，丝织品的种类越来越多，数量增多，质量提高。仅丝织品的种类就有锦、绣、绮、绢、缟、绛、缣、罗、纨、绨、䌷、素、练、纱、缎、缦等几十种。而这些丝织品中，最高级的奢侈品是锦，古时就有"寸锦寸金"的说法。

锦是贵重的丝织品，那么锦是如何织造的，又是如何做到锦上添花的？这就需要了解基本的纺织知识。布料是由纱线织成的，竖向是经线，横向是纬线。经线和纬线每隔一根线就交织一次，织出来的叫平纹织物，质地牢固、表面平整。如果经线和纬线至少隔两根线才交织一次，织出来的叫斜纹织物，比较厚实，有立体感。如果至少隔三根线才交织一次，那就是贡缎，平滑细腻，布面密度高，成本也更高。这是没有任何图案的纺织品。如果有图案，制作工艺和工序就复杂得多了。

首先，质量很好的纱才能提出图案。其次，需要先进的提花工艺。提花是用经线、纬线交错组织形成凸凹变化的花纹图案。和刺绣、印花图案不同，提花图案在织布的同时就织上去了。

提花工艺来自原始腰机挑花，发展到汉代时，这种工艺已经用在斜织机和水平织机上。这种方法通常采用一蹑（脚踏板）控制一综（吊起经线的设备）来织出花纹。如果想织出更多复杂的花纹，就要增加综框的数目，至少五片综框才能织出缎纹组织。

汉代的工匠会根据织锦花纹的简单或复杂情况及大小要求来选择不同的机型，主要有多综多蹑纹织机、丁桥织机和束综提花机三种。

汉代有专用于提花的工具，就是用竹子或木料制成的提花杆（又叫提花束）。一个提花杆可以控制20根经线的提花活动。在相同单位面积里重叠根数越多，经纬线紧密度越高，织品质量就越好，就越厚实、平挺，但织造的难度也更大。

值得称赞的是，汉代工匠把工匠精神发挥到极致，他们善于研究并敢于实践，把丝织生产技术提高到当时最先进的水平。汉代锦的结构分别有二重平纹经锦、三重平纹经锦、四重平纹经锦和五重平纹经锦。汉锦中延年益寿大宜子孙锦袜的织法是最复杂的，难度最大的，属于五重平纹经锦。

小袜子有大乾坤

"延年益寿大宜子孙"不仅是一种复杂的织法，也代表了人们的美好愿望，表达了人们希望健康长寿，希望能帮助子孙后代发展的心愿。当时，出现了许多类似的锦，如延年益寿长葆子孙

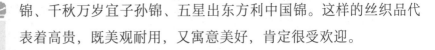

锦、千秋万岁宜子孙锦、五星出东方利中国锦。这样的丝织品代表着高贵，既美观耐用，又寓意美好，肯定很受欢迎。

锦不仅花纹复杂，且颜色各异，多种图案穿插其中，织出一件高质量的锦要花费很多人力物力。汉代的锦由于结构最复杂、工艺最繁多、艺术最华美、品质最贵重，成为汉代丝绸织造技术水平的代表。因此，汉锦远销海内外，深受人们的欢迎和喜爱。在西北地区，考古发现了许多汉代的丝织品，就是通过丝绸之路从中原地区传入的。

由于汉代丝织品越来越受欢迎，需求量日益增多，汉代的丝织业相当发达，并出现了官营丝织业的生产、管理机构，主要有蚕室、织室和服官三个机构。蚕室设有专门的官员来负责养蚕缫丝，提供优质的原材料。织室位于皇宫中，主要制作祭服，不生产其他官员的服装。服官主要负责皇室的冠服。

汉代丝织业的生产规模很大，工匠数量众多，宫廷里的织室有几千人，官费达几千万。他们生产的主要是皇室、贵族与官员的奢华衣服用品，也有一些用来赏赐，包括与周边少数民族的互市贸易，还有海外贸易等。汉代丝织品由于种类多，质量好，穿着舒适，还能代表尊贵的身份地位，因此，上至皇室贵族，下至平民百姓，对丝织品都十分喜爱，这种强大的消费需求量加快了汉代丝织业的发展。